ハワイ行ったら これ食べよう！

HAWAII

地元っ子、旅のリピーターに聞きました。

オアフ島

こにしなおこ[編]

誠文堂新光社

旅の大きな楽しみのひとつが、地元で味わう食事ではないでしょうか。
日本で食べられるハワイの味でも、現地で食べると、何かが違う。
それは、地元産の新鮮な野菜や肉、魚介類を使っているからというだけではなく、
やっぱり、ハワイの空気感や人々との触れ合いがあるから。

フォトジェニックな料理やスイーツが、次々と誕生するけれど、
この本では、ハワイの人たちに根付いている日常食や特別な日の食事、
また、現地に暮らす日本人や旅のリピーターたちが、
心底すすめたいという偏愛メニューを中心にご紹介しています。
見た目の派手さや新鮮さ、刺激は少ないかもしれません。
でも、物語や歴史があり、人の愛情や情熱などの想いが詰まっているものばかり。

それから、ポリネシア系、アジア系、ヒスパニック系、欧州系、中南米系など、
ハワイを構成する多民族の料理やその文化が融合した味を楽しめるのも魅力。
ぜひ、地元の人たちに愛されてきた多彩な味に触れてみてください。

この1冊で、奥深いハワイの味を、すべて網羅することは不可能です。
それでも、ほんの少しでも、地元の人たちの食文化を垣間見ていただき、
ちょっぴり、旅の手助けになったり、もっと、ハワイが好きになったり。
そんなささやかなお手伝いが出来れば、とてもうれしく思います。

こにし なおこ

目次

8	英語＆ハワイ語で見るメニューのコツ
10	分かると便利な単語集
12	指さしにどうぞ、メニュー一覧

14 地元っ子激オシ食べてみて！
ここのこれ！

	Cream Pot の「スフレパンケーキ」
16	Leonard's Bakery の「マラサダ」
17	Like Like Drive Inn の「レモンシフォンパイ」
18	Orchids の「ココナッツ・ケーキ」「アヒ・ステーキ」
20	Hy's Steak House の「ステーキ」

22 朝ごはん

24	シナモン香る厚切りパンとフルーツの饗宴 「フレンチ・トースト」
26	焼き立てパンを青空の下で 「ブレッド」
28	卵とパンとのコラボの最高峰!? 「エッグ・ベネディクト」
29	甘さ控えめのしっとりスコーン 「ブルーベリー・クリーム・チーズ・スコーン」
30	老若男女に愛される味 「バターミルク・パンケーキ」
31	自分好みにアレンジ自在！ 「オムレツ」
32	辛くて濃いのに、何故か後引く 「ポーチュギーズ・ソーセージ」
33	ヘルシーなのに、メインでいける！ 「サラダ」
34	コラム…ハワイ・リージョナル・キュイジーヌ ってなに？

38 多国籍なもの

40	華やかな巻き寿司 「スシロール」
42	B級グルメの王者！ 「ロコモコ」
43	エビの出汁が特徴の、クセのある麺 「サイミン」
44	2度、3度と、美味しい鍋 「ベトナミーズ・フォンデュ」
45	お手軽に食べられるファストフード 「スパムむすび」
46	白米が進む、馴染み深い味 「カツ」
47	牛ダシが効いた旨味たっぷりスープ 「オックステールスープ」
48	ふんだんに蟹が入った贅沢タイカレー 「イエロー・カレー」
49	違う味、求めている時に 「パッタイ」
50	ごはんの友の、「もちこ」のチキン。 「モチコチキン」
51	フィリピンのおふくろの味 「アドボ」
52	コラム…プレート・ランチのこと。

56 人気もの、集めました

58	素材と種類の豊富さは、本場ならでは 「バーガー」
60	ノースショアの名物グルメ 「フリフリ・チキン」
62	行列もいとわない、病みつきグルメ 「バター・ガーリック・スカンピ」
64	サックサクでアッツアツの春巻き 「ルンピア」
65	庶民の味方の老舗でガッツリ！ 「BBQ ポーク」
66	ほっこり和む素朴な味わい 「マナプア」
68	コラム…膨大な量を消費しているロコ溺愛のチリとは!?

72 伝統のもの

74 葉の中に素材のうま味が、ぎゅう〜と凝縮 「ラウラウ」
76 これが伝統的なハワイの主食です 「ポイ」
78 やっぱり本場の味は違う?! 「ポケ」
79 揉まれて作る、名脇役サラダ 「ロミロミ・サーモン」
80 ハワイアンカウボーイの保存食 「ピピカウラ」
81 衝撃的な出合いだったけれど、食に感謝 「カルア・ピッグ」
82 迷った時は、盛り合わせが一番! 「ププ」
83 ハワイらしい素材が詰まったシチュー 「ルアウ」

84 コラム…ハワイ伝統のおやつ

88 あまいもの

90 カラフルさに唖然!食べると大福 「モチ」
91 暮らしに密着したミルキーな菓子 「チチ・ダンゴ」
92 パイナップルの形の超定番 「クッキー」
94 赤いけれど、ココアの味 「カップ・ケーキ」
95 あま〜いけれど、つい手が出るもの 「クリーム・パフ」
96 カラフルなオリジナルケーキが話題 「ケーキ・ボム」
98 上質なハワイ産カカオの絶品 「チョコレート」
99 世界中にファンを持つテッズ・パイを求めて! 「ハワイアン・パイ」

100 コラム…ハワイで食べたいトロピカルフルーツ

104 冷たいもの

106 小さなフルーツ店の人気もの 「アイスクリーム＆ソルベ」
108 地元愛が生んだエコ・スイーツ 「バナン」
110 名物は行列しても、食べたくなる 「アサイ・ボウル」
111 栄養価が高く、注目度も高いフルーツ 「ピタヤ・ボウル」
112 自然な甘さのハワイ版かき氷 「シェイブアイス」
113 ありそうで無かった新スイーツ 「マラモード」
114 実験の繰り返しで誕生 「アイスクリーム」
116 飲む、トロピカルフルーツ 「スムージー」
117 新感覚のフローズン・ドリンク 「スラッシュ」
118 豪快!パイナップルを丸ごと使ったカクテル 「マウイ・ゴールド・ピニャ・コラーダ」
119 いろんな味が混ざったフィリピンデザート 「ハロハロ」

120 コラム…ファーマーズ・マーケット、いろいろ
124 コラム…おみやげにいかが? スーパーで見つけた懐かしのおやつ "リヒムイ"
128 指さし英語
130 知っておきたいハワイ語
131 コラム…知っておきたいハワイでのアルコールのルール
132 コラム…スーパーマーケットの流儀
134 料理を掲載した店舗リスト・マップ

［本書について］

※ ハワイでは、地元の人たちをロコピープルやロコ、ロコガールという言い方をするため、本書でもそのよう倣っています。
※ 本文では編集者の旅の思い出を含んだ料理についてのコメントを、memoではその料理についての解説を掲載してあります。
※ 各ページに掲載している参考価格は2017年10月現在のものです。時期や店、地域によって変わります。
※ 料理の読み方は現地でポピュラーな発音にしてあります。
※ 一部の写真のメニュー名には、加えた具材等の名称、料理の形態や総称などの場合があるため、紹介している料理名とは多少異なる場合があります。

英語＆ハワイ語で見るメニューのコツ

基本の英語が分かっていれば、レストランでの注文は簡単。このページの調理方法や味付け、料理の状態などを、お店のメニューと照らし合わせてみよう。更に、食材名などを紹介しているP.10-11と組み合わせれば、料理のおおよそのイメージがつかめるはず。オアフ島のグルメに、多く登場しそうなハワイ語も取り上げている。メニュー選びの参考にしよう。

調理方法

ロミロミ　Lomi lomi
「ロミ」はハワイ語でマッサージという意味から、マッサージするように混ぜること。
Lomi lomi Salmon（ロミロミサーモン）

フリフリ　Huli huli
「フリ」はハワイ語で、回転させるとか、ひっくり返すという意味。
Huli huli Chicken（フリフリチキン）

ソテー　Saute
炒める。
Pork Saute（ポークソテー）

フライド　Fried
揚げる、炒める。
Fried Potato（フライドポテト）

ボイル　Boil
茹でる。
Boiled Egg（ゆで卵）

ベイク　Bake
（オーブンや窯などで）焼く。
Baked Cheesecake（ベイクドチーズケーキ）

ロースト　Roast
（オーブンや窯などでじっくりと）焼く。
Roast Beef（ローストビーフ）

グリル　Grill
（網やグリルなどの強火で）焼く。
Grilled Fish（焼き魚）

ブロイル　Broil
（直火で）焼く、あぶる。
Broiled Meat（あぶった肉）

シチュー　Stew
煮込む。
Beef Stew（ビーフシチュー）

スティーム　Steam
蒸す。
Steamed Bread（蒸しパン）

味付け

スイート　Sweet
甘い。
Sweet Bread（スイートブレッド）

スパイシー　Spicy
辛い。ピリッとする。
Spicy Chicken（スパイシーチキン）

サワー　Sour
酸っぱい。
Sweet and Sour Pork（酢豚）

ビター　Bitter
苦い。
Bitter Chocolate（苦いチョコレート）

ホット　Hot
辛い、熱い。
Hot Water（湯）

料理の状態

スープ　Soup
スープ、汁。
Vegetable Soup（野菜スープ）

ストリップ
Strip
細く切る、スライス。

Chicken Strips（チキンストリップ、チキンフィンガー）

シェイブ
Shave
削る。

Shaved Ice （かき氷）

スモーク
Smoke
燻製にする。

Smoked Salmon（スモークサーモン）

ビーガン
Vegan
完全菜食主義。

Vegan Food（ビーガンフード）

ベジタリアン
Vegetarian
菜食主義。

Vegetarian Food（ベジタリアンフード）

マッシュ
Mash
潰す。

Mashed Potatos（マッシュポテト）

スムージー
Smoothie
スムージー。

Mango Smoothie（マンゴースムージー）

アペタイザー
Appetizer
前菜。

モチコ
Mochiko
モチ米の粉。また、それを使って調理したもの。

Mochiko Chicken（モチコ・チキン、モチ粉をつけて揚げた鶏）

炭水化物系

ライス
Rice
ごはん。

Fried Rice（チャーハン）

ヌードル
Noodles
麺類。

サイミン
Saimin
ハワイ発祥の麺料理。サイミン。

ブレッド
Bread
（食パンなどの）パン。

Corn Bread（コーン・ブレッド）

バン
Bun
（甘い系の）パン。

Cream Bun（クリーム・バン）

ディムサム
Dim Sum
（中国料理の）点心。

ブラウン ライス
Brown Rice
玄米。

ほかにもいろいろ

ルアウ
Lūʻau
（ハワイ式）宴。タロイモの葉と肉や魚などをココナッツで煮た料理。

プレート・ランチ
Plate Lunch
軽食。皿やランチボックスに数種の料理を盛りつけたもの。

トゥーゴー
To Go
テイクアウト。持ち帰り。

フォーヒアー
For Here
店内で飲食する。

トゥーゴーボックス
To Go Box
持ち帰り用ボックス。

ププ
Pupu
おつまみ、前菜。

ケイキ メニュー
Keiki Menu
子どもメニュー。

分かると便利な単語集

肉類

Chicken 鶏肉
Pork 豚肉
Beef 牛肉
Goose ガチョウ
Duck カモ
Mutton 羊肉
Lamb ラム、仔羊
Ham ハム
Minced Meat ひき肉
Sausage ソーセージ
Meat （牛や牛の）肉
Poultry （鶏や鴨などの）家禽

肉の部位

Shoulder 肩肉
Chuck-roll 肩ロース
Sirloin サーロイン
Tenderloin フィレ
Short Rib 骨付きカルビ
Plate / Flank バラ
Top Sirloin 上ロース
Round もも肉
Shank すね肉
Bottom Sirloin ロース
Brisket むね肉、肩バラ肉
Oxtail 尾
Tongue 牛タン
Spare Rib スペアリブ
Chicken Wing 鶏手羽

魚介類

Fish 魚
Salmon 鮭
Bonito(Aku) カツオ（アク）
Sardine イワシ
Tuna(Ahi) マグロ（アヒ）
Mahimahi シイラ
Squid イカ
Octopus タコ
Clam ハマグリ
Abalone アワビ
Oyster カキ
Crab カニ
Ogo オゴ（海藻）
Shrimp エビ

野菜系

Tomato トマト
Cucumber キュウリ
Carrot ニンジン
Potato ジャガイモ
Sweet Potato サツマイモ
Taro(Kalo) タロイモ（カロ）
Lettuce レタス
Mushroom キノコ
Ginger ショウガ
Garlic ニンニク
Kale ケール

Eggplant
ナス

Green Onion
ネギ

Onion
玉ネギ

Celery
セロリ

Cabbage
キャベツ

Pumpkin
カボチャ

Coriander
パクチー

Mint
ミント

Bean Sprout
モヤシ

Soybeans
大豆

Turnip
カブ

····· フルーツ系 ·····

Pineapple
パイナップル

Mango
マンゴー

Watermelon
スイカ

Papaya
パパイヤ

Cranberry
クランベリー

Blueberry
ブルーベリー

Mangosteen
マンゴスチン

Passion Fruit(Lilikoi)
パッションフルーツ（リリコイ）

Rambutan
ランブータン

Pear
洋ナシ

Grape
ブドウ

Banana
バナナ

Breadfruit(Ulu)
パンノキ（ウル）

Dragon Fruit(Pitaya)
ドラゴンフルーツ（ピタヤ）

····· 卵・乳製品 ·····

Sunny Side Up
目玉焼き（黄身はやわらかめ）

Fried Egg
目玉焼き

Poached Egg
ポーチドエッグ

Scrambled Eggs
スクランブルエッグ

Boiled Egg
ゆで卵

Hard-Boiled Egg
固ゆで卵

Omelette
オムレツ

Cheese
チーズ

Cream Cheese
クリームチーズ

Cottage Cheese
カッテージチーズ

Cheddar Cheese
チェダーチーズ

Fresh Cream
生クリーム

Custard Cream
カスタードクリーム

Whipped Cream
ホイップクリーム

····· スイーツ系 ·····

Haupia
ハウピア（ハワイ風プリン）

Mochi
モチ

Pudding
プリン

Coco Puff
シュークリーム（一部店舗で）

Cream Puff
シュークリーム

Malasada
マラサダ（揚げパン）

Shaved Ice
かき氷

Cookie
クッキー

Snack
スナック

Honey
ハチミツ

Buttermilk
バターミルク

Vanilla
バニラ

Pancake
パンケーキ

Muffin
マフィン

Scone
スコーン

····· その他 ·····

Manapua
マナプア、肉まん

Spam
スパム

指さしにどうぞ、メニュー一覧

本書に掲載した主な料理を系統ごとに分類。
注文時に指さしで使っても、何系を食べるか迷った時の参考にも。

ごはん・麺系
Rice/Noodle

Sushi Roll
P.40

パン系 Bread

Pancake
P.14、P.30

Malasada
P.16

Loco Moco
P.42

Saimin
P.43

Spam Musubi
P.45

French Toast
P.24

Bread
P.26

Blueberry Cream Cheese Scone
P.29

Manapua
P.66

Yellow Curry
P.48

肉系 Meat

Steak
P.20

Portuguese Sausage
P.32

Katsu
P.46

Korean Fried Chicken
P.47

Mochiko Chicken
P.50

Adobo
P.51

Burger
P.58

Huli Huli chicken
P.60

BBQ Pork
P.65

Pad Thai
P.49

Laulau
P.74

Pipikaula
P.80

Kalua Pig
P.81

魚介系 Fish

Ahi Steak
P.18

Butter Garlic Scampi
P.62

Poke
P.78

Lomi Lomi Salmon
P.79

地元っ子激オシ 食べてみて！ ここのこれ！

オアフ島のリピーターや現地に暮らす人たちが、『流行だけではなくて、リピートしたくなる』というお店の「これ」。そのなかから、物語を感じられるような素敵な味をセレクト。

カラカウア通りから、ニウ通りを入って、アラ・ワイ運河方面に進んだ先に、美しい花とハーブに包まれたフレンチ・カントリー風のゲートが、顔を覗かせる。『食感がたまらないパンケーキ』が評判のクリーム・ポットのエントランスだ。今ではいろいろなお店でお目見えしている「スフレ・パンケーキ」の発祥のお店である。オーナーご夫妻は、アメリカの大学で知り合い、その後、ハワイの大学院に進学。結婚後、ご主人の料理好きが高じて、レストランをオープン。普通のパンケーキではないものを作りたいと、小麦粉を減らし、卵白を泡立てたメレンゲ状にしたものを焼き上げるという「スフレ・パンケーキ」を生み出したのだ。

メレンゲで出来ているパンケーキの食感は、クシュッと口の中でとろける。手作りのカスタードホイップクリームの滑らかな舌触りと、パンケーキの食感と味わいが、本当にたまらない。甘さが控えめで、小麦粉の量が少ないため、とても軽く、何枚でもいける。

左／フランス風のビーフシチューオムレツライスは、フランスワインやハーブなどで8時間煮込んだビーフシチューを使用。　右上／オーナー（中央）と厨房のスタッフたち。　中下／白いゲートがお出迎え。　右下／店先のガーデンで咲いている花がテーブルに。　右頁：パンケーキやオムレツなどで、1日1000個もの卵を使うという人気店。朝ごはんに訪れるリピーターが多い。

食感がたまらない！
スフレ・パンケーキ発祥のお店
Cream Pot の
『Soufflé Pancake』
（クリーム ポット）
（スフレ　パンケーキ）

data
● Mix Berry Soufflé Pancake（$20.50）。
French Rolled Omelet - Beef Stew（$20.50～）
●住所：444 Niu St., Honolulu　電話：429-0945
営業時間：6:30～14:30（14:00L.O.）　火曜定休
MAP ▶ P.136　A　1

行列必至の
超人気店
Leonard's Bakeryの
レナーズ　　　ベーカリー
『Malasada』
マラサダ

> data
> ● Malasada（$1.25）
> ● 住所：933 Kapahulu Ave., Honolulu　電話：737-5591　営業時間：5:30〜21:00、金・土曜6:00〜22:00
>
> MAP ▶ P.136　B❸

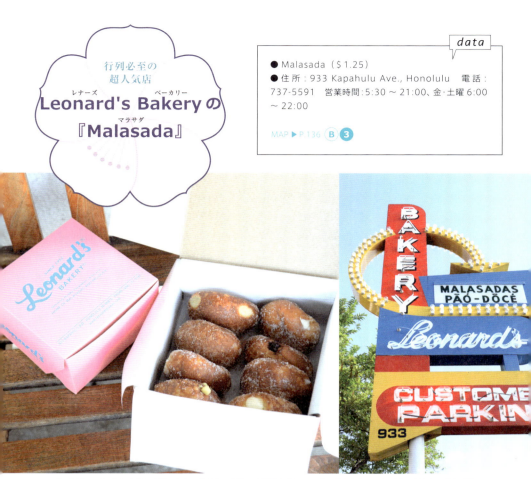

左／フレーバーはシナモンとリーヒン。カスタードやハウピアなどのフィリング入りも。　右／夜にはネオンがまばゆい。

　マラサダはローカルスイーツとして定着しているけれど、実はポルトガルの伝統的な揚げ菓子。ハワイでは、ポルトガル系3世のレオナルドさんが、祖父母の故郷の伝統菓子であるマラサダを販売したことが始まりといわれる。ハワイでのマラサダ文化の原点が、このレナーズ・ベーカリーなのだ。

　今では、いろいろなところで食べられるけれど、地元の人も、観光客が多く押し寄せてきても、行列に並んでまで、このお店のマラサダを欲している。

　出来立てアツアツのマラサダは、外側はサックリしているのに、中はふんわり柔らかい。まわりにまぶされた砂糖のシャリシャリ感との相性は言うまでもない。

　イートインはできないが、店舗前のベンチには、出来立てを頬張る人たちの姿が途絶えない。

崩れやすいので注意！
秘伝のレシピのデザート

Like Like Drive Innの
リケリケ　　ドライブイン
『Lemon Chiffon Pie』
レモン　　　　シフォンパイ

data

● Our Famous Lemon Chiffon Pie（$ 4.40）
● 住所：745 Keeaumoku St., Honolulu　電話：941-2515　営業時間：6:00 〜 22:00、土曜24時間、祝祭日休み

MAP ▶ P.137　E 8

左上／レトロな店内。　左下／明るいスタッフたち。　右／直ぐに崩れてしまう柔らかなパイ。

　日系のナコ夫妻によって、1953年に創業され、ローカルに親しまれてきたファミレス的な存在のお店。朝食時には、フレンチトーストやオムレツなど、昼や夜には、ポーク・チョップやテリヤキ・ビーフを頬張る人たちで賑わう。ロコたちが、おなかいっぱいに食事をした後に、オーダーするのが、レモン・シフォン・パイ。カスタードクリームの上に、たっぷりの生クリームが載っている。

　くどそうな見た目に、一瞬、ためらいを覚える。お店の人たちが、「美味しいよ」「軽いよ」と、すすめてくれたけど、正直、キツイのではと思いながらも、口の中に入れてみる。塩味がきいたパイ生地の上に、今にも崩れそうなレモン風味のふわふわカスタード、そして、すっと口の中で無くなるようなホイップクリーム。満腹でも不思議と1カットを平らげてしまった。このレシピは、お店のなかでも、数人しか知らない秘伝だという。ここでしか味わえないという特別感も魅力。

リピーターが絶賛するスイーツのなかでも、『特別な想い』で、味わう人が多いのが、『ハレクラニ特製ココナッツ・ケーキ』。見た目が真っ白なケーキは、ふんわりと柔らかく仕上げたシフォンケーキに、ココナッツとアマレットの控えめな甘さのクリームを挟み、ハワイ産のフレッシュココナッツフレークとフレッシュクリームで白く彩ったもの。ひとくち、口に入れた瞬間から、ココナッツの香りが広がり、シフォンケーキのしっとりと柔らかな食感と、クリームやココナッツフレークとの融合を楽しませてくれる。

　この「白いケーキ」は、訪れた人たちが、自分の好きな色を添えることができるものなのだろう。そして、家族旅行や新婚旅行などで味わった人たちが、再び、このお店を訪れて、「このケーキを味わうと、ハレクラニに戻ってきたという気がする」というような思いが込み上げてくるのかもしれない。一切れのケーキが、旅の思い出の一端を担ってくれる存在なのだ。

上／海の先にはダイヤモンド・ヘッドという眺望抜群。2016年に倒れてしまったキアヴェの木が、再び、新たな葉をつけて蘇った。　左下／デザートやビュッフェでも登場するケーキ。　中下／ハワイ産のマグロを使ったアヒ・ステーキ。右下／アフタヌーンティーも有名。　右頁：ハレクラニのシグニチャーケーキ。日系航空会社のビジネスクラスのデザートにも採用されている一品。

旅の思い出を
蘇らせる味
Orchidsの
（オーキッズ）
『**Coconut Cake**』
（ココナッツ　ケーキ）

data

● Coconut Cake ＄12、Ahi Steak ＄36
●住所：2199 Kalia Rd., Honolulu　電話：923-2311　営業時間：7:30 ～ 11:00、11:30 ～ 14:00、15:00 ～ 16:30、17:30 ～ 21:30、日曜 9:00 ～ 14:30、17:30 ～ 21:30　　無休

MAP ▶ P.137　F　12

最近、よく耳にするのが「今、オアフは空前のステーキブーム」というフレーズ。定番人気だと思ったが、多くのステーキ店は予約で満席か、席待ちで列をなしている状態。豪快な骨付きのリブアイステーキや熟成肉なども、ブームを牽引している。

　おすすめ店を尋ねると、老舗格のハイズ・ステーキ・ハウスの名があがる。超有名店だが、現地の人たちにとっても、別格なのだという。最高級のプライムビーフを、30日間ウェット＆ドライで熟成。その肉をシンプルに塩とコショウだけで味付け、香り豊かに仕上げるキアヴェの炭火で焼き上げる。肉の臭みは無く、ギュッとかみしめると、キアヴェの芳香が鼻の奥を抜けると同時に、肉汁が溢れ出る。また、ここが別格なのには、英国の重厚な邸宅のようなマホガニーやローズウッドを使用したインテリアが雰囲気を演出する。

　地元の人たちが、お誕生日や記念日、家族のお祝いなどに利用する特別なお店だというのも納得だ。

上／ドレスコードはスマートカジュアル。　左下／ブロイラーで、シェフがキアヴェの炭でお肉を焼き上げる。　中下／帆立貝のパンシアード。マッシュポテト、コーンとマッシュルームのサコタッシュ添え。ハーブとピスタチオのクラストを散りばめて。　右下／前菜で人気の鴨のフォアグラのソテー。　右頁：7オンスのフィレ肉をキアヴェ炭で芳ばしく焼き上げ、ハマクアマッシュルームのソテーとニンニクが香るHy's特製デミグラスソースで仕上げた一皿。

「特別な日」に行く
格別な味わいのステーキ店
Hy's Steak House の
『Steak』

data
● Hy's Garlic Steak＄55、Duck Foie Gras with Poached Figs and Brioche＄25、Seared Scallops with Pistachio − Herb Crust＄20
●住所：2440　Kuhio Ave.,Honolulu　電話：922-5555　営業時間：17:00〜22:00　無休
MAP ▶ P.139　K 23

朝ごはん

ハワイ滞在のお楽しみのひと
つが、朝ごはん。フルーツ
たっぷりのパンケーキやフレ
ンチトースト、エッグ・ベネ
ディクト、そして、オムレツ
など。焼き立てのパンや新
鮮な野菜を使ったボリューム
満点のサラダもお忘れなく。

フレンチ　トースト
French Toast

シナモン香る厚切りパンとフルーツの饗宴

　定番フレンチ・トーストは、シロップやホイップクリームがたっぷり載っていたり、カリカリに焼かれたベーコンやスクランブルエッグが添えられていたりする。特別感が無かった印象のものを一新させたのが、『朝ごはんの人気店』と名高いカフェ・カイラ。観光客にも有名で、ロコたちに交じって、朝食目当てに行列に並んでいる。

　こちらのお店の看板メニューは、パンケーキだけど、フレンチ・トーストも忘れてはいけない。厚く切ったスイート・ブレッドを、ミルク入りの卵液に漬けて、シナモンとバニラで風味付け。キャラメライズされたリンゴやバナナ、ブルーベリー、ストロベリーなどのトッピングを、全部、載せてもらうのがロコ流。フルーツの酸味や甘み、バターやスパイスの風味が、スイート・ブレッドに絡み合う。口に入れると、ほんのり甘いパンに染み込んだシナモン風味の液が、ジュワッ〜と出てきて、甘酸っぱいフルーツが主張してくる。

現地の人はこう食べる。

★トッピングを全部載せて、一緒に味わう。
★シロップをたっぷりかける。
★コーヒーと一緒に、朝食として食べる。

左／「作るのが、大好き。人々を幸せにするのが、大好き」という、オーナーのカイラさん。　右／2008年にオープンしたお店。

---

memo

スライスしたパンを、ミルクを入れた卵液に漬けこんで、バターで焼くというのが一般的。ハワイのフレンチ・トーストには、ポルトガルのパオ・ドセが原型といわれているハワイアン・スイート・ブレッドが使われる。甘さ控えめのふんわりと柔らかいパンで、ハワイの食卓には欠かせないパンだ。ベーカリーやスーパーで手軽に手に入る。このほんのり甘いパンは、フレンチ・トーストのほか、サンドイッチに使われることも多い。タロイモやグアバを加えたものも人気。

参考価格：French Toast with caramelized apple, blueberries and strawberries（$9.95 + $2.50〜）。
MAP ▶ P.136 B 2

ブレッド
Bread

焼き立てパンを青空の下で

　パン巡りの旅をするほどに、パンが大好きだ。オアフ島にも、たくさんのベーカリーがあり、日本とは違った顔のパンに出合えると嬉しくなる。

　カイルアで開催されているファーマーズ・マーケットに出店しているお店には、ペストリーやスイート・ブレッドなど、地元の人たちに愛されているパンが並ぶ。

　特にクロワッサン生地をベースにセイボリー系とスイーツ系のパンが充実。スティッキー・バンズは、キャラメルでコーティングされたマカダミアナッツの食感がアクセントになって、香ばしくて、甘い。シナモンとレーズンが折り込まれているバター風味のシナモン・デニッシュも人気。もちろん、ハワイの人が愛するスイート・ブレッドも販売している。

　ファーマーズ・マーケットとはいえ、トラックにオーブンが搭載されていてその場で次々と焼き上げている。青空のもとで、美味しい焼き立てパンを味わう。なんとも贅沢な時間を過ごせる。

現地の人はこう食べる。

★スイート・ブレッドやクロワッサンをまとめ買い。
★朝食やおやつとして食べる。

左上／お持ち帰りに人気の袋詰めされたパン。　右上／カイルア・タウン・ファーマーズ・マーケットで人気を博しているベーカリー。　左下／クロワッサンもこのお店の代表的なパンのひとつ。

---

memo

ハワイのパンで代表的なものは、スイート・ブレッド。ポルトガル系の移民が持ち込んだパンが原型といわれるもの。ほんのりとした甘さのふんわりとしているパンで、スーパーやベーカリーなど、いろいろなところで手に入る。地元の人たちは、このパンを、そのまま食べたり、フレンチ・トーストにしたりする。人気のカフェや朝食の名店で出される、ハワイ風フレンチ・トーストで使われているパンのほとんどがスイート・ブレッド。そのほかにも、ハワイではシナモンロールやバンズなども一般的。

参考価格：Sweet Pastries（$3〜）。
MAP ▶ P.142 U 37

<small>エッグ　ベネディクト</small>
Egg Benedict

卵とパンとのコラボの最高峰!?

濃厚な味わいが魅力の定番食。その中でも、リピーターを惹きつけるのがこちら。卵と牛乳などに漬けたしっとりとしたバケット。その上に、ポーチド・エッグや厚切りベーコン、アボカドを載せ、ホワイトソースにチーズなどを加えた自家製ソースが添えられる。トロッととろける卵黄と、香ばしいベーコンとの調和も抜群。

現地の人はこう食べる。

★コショウを多めにかけて食べる。
★ポーチド・エッグを、すべて潰して食べる。

参考価格：Premium Hawaiian Eggs Benedict（$ 18.50）。
MAP ▶ P.136　A　1

> **— memo —**
> エッグ・ベネディクトは、半分に割って焼いたイングリッシュ・マフィンの上に、ベーコンやハム、ポーチド・エッグなどを載せ、オランデーズソースをかけたもの。クリーミーで濃厚な味わいのオランデーズソースは、フランス料理の基本のソースのひとつ。作り方はいろいろとあるが、卵黄にバターとレモンなどを入れて乳化させ、塩とコショウなどを加える。

季節のお花やハーブなどが彩るガーデンシート。

Blueberry Cream Cheese Scone

ブルーベリー　クリーム　チーズ　スコーン

甘さ控えめのしっとりスコーン

参考価格：Blueberry Cream Cheese Scone（$4）。
MAP ▶ P.136 C ④

　「美味しいから、食べて」とすすめられたが、機会が無いまま、ようやく帰国前日に購入できたスコーン。出来立てが一番と思いつつ、翌朝、ホテルの部屋でパクリ。大きく、ずっしりした生地は、想像したパサパサ生地とは異なり、口の中でしっとりと、柔らかくほぐれていった。ブルーベリーと甘くないクリーム・チーズのバランスも良い。

現地の人はこう食べる。

★朝ごはんやおやつ用にテイクアウト。
★バターを付けて食べることもある。

お店の看板メニューのひとつでもあるスコーンの焼き立てが並ぶ。

— memo —
スコーンはスコットランド発祥で、小麦粉、バター、牛乳、ベーキングパウダーを混ぜて焼き上げたもの。ハワイでは、プレーン・スコーンをホット・ビスケットと呼ぶこともあり、ドライフルーツやナッツ類などを入れ、甘さも強めたスコーンが多い。

<small>バターミルク　パンケーキ</small>
Buttermilk Pancakes

老若男女に愛される味

参考価格：Buttermilk Pancakes（$9.25）。
MAP ▶ P.136　B 2

　「また、食べたくなるハワイの味」と言われる、こちらのパンケーキ。オーナーが、家族や友人が喜ぶようにと、たくさんのレシピを生み出してきたうちのひとつ。ふんわりとして優しい甘みのある生地は、自然飼育にこだわる鶏の卵や新鮮なバターミルクを使用。添加物も不使用だ。

現地の人はこう食べる。

★トッピングの全種を載せてしまうのが一番人気。

★ホイップクリームとシロップを、たっぷりかけて味わう。

ハワイのグルメコンテストでも、「ベスト朝食賞」金賞を獲得したお店。カプチーノやチャイ・ラテなどのドリンクも充実。

--- memo ---

パンケーキとホットケーキの違い。どちらも、小麦粉、卵、牛乳、ベーキングパウダー、砂糖などを混ぜて、焼き上げたもの。あえて、呼び名の違いだけではないというならば、生地の厚みが薄いのがパンケーキ、厚いのがホットケーキといえる。なお、カトリックでは、四旬節の灰の水曜日の前日を、パンケーキ・デイとし、デザートにパンケーキを食べる風習がある。

Omelets
オムレツ

自分好みにアレンジ自在！

参考価格：Italian Omelette（$11.75）。
MAP ▶ P.136 B 2

　ハワイではオムレツの具を自分好みに選べる、「Build Your Own」式が多い。カフェ・カイラでは、観光客には野菜入りやイタリアンなどのオムレツが人気だが、ロコは自分で具を選ぶタイプをオーダーする。付け合わせにはトーストやライスもあるが、塩味とハーブの香りが後を引く、ハーブ・ロースト・ポテトがおすすめ。

現地の人はこう食べる。

★ Build Your Own スタイルで、自分好みのオムレツの味にオーダーする。
★ 卵は最低3個、チーズと具もたっぷりというのが基本。

朝食時は行列ができる人気店のカフェ・カイラ。

― memo ―
溶いた卵に、塩、コショウで味付けをして、焼いた卵料理。ハワイでは、2〜3個ほどの卵に、タマネギ、ハム、チーズ、パプリカなどの具を入れて焼き上げるタイプが主流。Build Your Own 式が浸透しており、チーズや野菜、具を選べることが多い。

31

ポーチュギーズ　ソーセージ
Portuguese Sausage

辛くて濃いのに、何故か後引く

参考価格：Island Style Plate（$13.95）。
MAP ▶ P.138　G 15

　スパイスと塩でパンチの効いたソーセージは、ロコのお気に入り。時には主役、時には脇役という具合に、出没頻度は高い。ポルトガル発祥だが、移民の食文化とともに根付いている食材のひとつで、メイド・イン・ハワイまである。そのまま焼いても、オムレツやスープに入れても、ジューシーで、濃い味が主張し続ける。

現地の人はこう食べる。

★スーパーで購入して、スライスして焼いて食べる。
★オムレツ、フライドライスやスープの具として。
★BBQの鉄板フード。

朝食にも登場するポーチュギーズ・ソーセージだが、観光客にはアサイやピタヤ・ボウルが人気という。

— memo —
ポーチュギーズ・ソーセージは、ポルトガルの伝統的なソーセージで、リングイッサ（リングィーサ）という。ホットスパイスやガーリック、塩などで味付けした豚肉の燻製ソーセージで、ピリ辛でスパイスが効いた味。

Salad
サラダ

ヘルシーなのに、メインでいける！

参考価格：Grilled Chicken Caesar（$14.95）。
MAP ▶ P.138 G 15

　今や、サラダは「サイド」ではなく、メイン。カフェに行けば、パンケーキやオムレツと肩を並べ、サラダが主役の専門店まである。ワイキキの有名店のグリルド・チキン・シーザーは、オーガニックの鶏ムネ肉とアボカド、トマトに、パルメザンチーズとパパイヤシードドレッシングで味わうもので、十分満足なボリュームだ。

現地の人はこう食べる。

★メインディッシュとして、ヘルシー志向の人の定番。
★自分好みのドレッシングやチーズを選び、量も自分で調整する。

サンドイッチと一緒にオーダーして、シェアするスタイルも一般的。Lox of Bagel（$11.95）

— memo —
ハワイ諸島では、たくさんの種類の野菜が収穫されるため、新鮮な地物野菜を使ったサラダが主流。ベジタリアンやビーガンの人だけではなく、多くのロコがサラダをオーダーする。また、野菜不足になりがちな旅行で補給しておきたい時にも便利。

ちょこっと休憩

ハワイ・リージョナル・キュイジーヌってなに？

リピーターの支持率が高いひと品。Ginger Crusted Onaga , Long Tail Red Snapper（＄42）

見た目の美しさもゲストを喜ばせる。Chopped Ahi Sashimi and Avocado Salsa Stack（$23.50）、Alan Wong's
MAP ▶P.140 Ⓜ 27

「ハワイ・リージョナル・キュイジーヌ」ということばは、ハワイを訪れたことのない人でも、どこかで耳にしたことがあるのではないだろうか？ ハワイリピーターには、「今更、なにを……」と言われるくらいに、定着しているスタイルだ。

1991年に、アラン・ウォン氏をはじめ、ハワイの12人のシェフたちが集って、地元の農家、牧場主、漁師などの生産者と協力して誕生したのが、「ハワイ・リージョナル・キュイジーヌ（HRC）」。つまり、地元の野菜や肉、魚介類などを使って、ハワイらしい料理を生み出そうという取り組みだ。そして、フレンチやイタリアンというジャンルを超えて、多彩な文化が織り交ざったハワイという舞台にふさわしい、さまざまな国や地域の要素を融合させた「新ジャンル」の創作料理が生み出されてきた。

現在、オアフ島では多くのレストランが、ハワイ・リージョナル・キュイジーヌを提供している。そのなかでも、料理界のアカデミー賞といわれるジェームス・ビアード賞を受賞し、全米レストランのベスト10に選ばれるほどの名店を率いているのが、アラン・ウォン氏だ。東洋と西洋の食文化の要素を巧みに操った料理は、世界中から訪れる食通の舌を満足させている。進化し続ける味とプレゼンテーションは、ぜひ、自分の五感で味わっていただきたい。

左／シェフ・ド・キュイジーヌのポール氏をはじめ、アラン・ウォンズのスタッフは、農家などでの研修も経験。料理はすべてアラン・ウォン氏のチェックが入るため、クオリティーが保たれている。　中／アラン・ウォンズの入口。ここからエレベーターで3階へ進む。　右／ドレスコードはビジネスカジュアル。

多国籍なもの

アジアからの移民も多く暮らすハ
ワイ。お米や麺類の文化も浸透し
ていて、どこか懐かしいようなお
むすびやカツ、エビ出汁のサイミ
ンなどが目に留まる。いろいろな
国や地域の文化が混ざり合い、ロ
コモコや寿司ロールなども誕生。
多国籍な味を気軽に楽しみたい。

Sushi Roll
スシロール

華やかな巻き寿司

　海外に行ったら、現地の日常食を味わう……。そんな些細なプライドがありながらも、やっぱり恋しくなる日本の味。さっぱりとした酢飯が食をそそる、寿司が頭に浮かぶ。ハワイでは、新鮮な近海獲れや築地直送の魚介類を使ったにぎり寿司も味わえるけれども、あえてロコに人気の寿司ロールが評判のお店へ向かった。店内はハワイと日本をモダンに融合させた上品な空間になっていて、料理への期待も高まる。

　火山をイメージしたボルケーノ・ロールは、4種の色とりどりのとびっこやスプラウトが、ハワイ島の噴火を連想させ、味もピリ辛のサーモンとマイルドな酸味を持つクリームチーズ、パリッとした食感のキュウリとの組み合わせも絶妙。見た目も、味も楽しめる一皿。そして、万歳ロールは、ソフトシェルクラブ、アボカド、キュウリ、ヤマゴボウなどが入っているもの。脱皮直後の殻の柔らかい揚げたカニが、万歳をしているように見えるので、この名が付いている。

現地の人はこう食べる。

★寿司ロールのソースのほか、醤油を付けて食べることも。
★サイドにあるワサビを、たっぷり載せて食べる。

左／フレンチやイタリアンの料理経験を持つ総料理長が腕を振るう。　中／ハワイ島の噴火をイメージしたVolcano Roll（＄18）。　右／ワイキキにあるカイワは、洗練された寿司ロールのほか、鉄板焼きも評判。

--- memo ---

寿司ロール（ロール寿司）は、巻き寿司の一種。海苔でごはんと具を巻く日本式の巻き寿司とは異なり、ごはんを外側にして巻いたり、油で揚げたりする。日本でも、アボカドやキュウリ入りのカリフォルニアロールは、特に知名度が高い。もともとは、生の魚介類や海苔を食する習慣の無かったアメリカ人の好むように作られたが、今では、食文化の変化もあり、さまざまな食材が用いられる。

参考価格：BANZAI Roll（＄17）。
MAP ▶ P.137 F 10

ロコモコ
Loco Moco

B級グルメの王者！

参考価格：Loco Moco（$12.20）。
MAP ▶ P.137　E 8

　地元客で席が埋め尽くされていた昼時。多くの客が食べていたロコモコを、釣られて注文。B級ゆえ、期待度は高くなかったが、フォークを刺すと目玉焼きの黄身がトロリ。思わず、食欲がそそられる。自家製ビーフパテはジューシーで、濃厚なデミグラスソースが絡み合う。人気の理由、ここにあり。

現地の人はこう食べる。

★ごはんはブラウンライスやフライドライスも選べる。
★タバスコや醤油、ケチャップを付ける人もいる。

リーズナブルなローカルフードが揃うため、ハワイの老若男女が集うレストラン。

── memo ──
ハワイ島ヒロ発祥といわれるロコモコは、ごはんの上に、目玉焼きとパテを載せて、グレービーソースをかけたもの。ボリュームがあり、安価で味わえるため、若者向けのB級グルメとされていたが、現在はこだわりの食材で作られるものも多い。

Saimin
サイミン

エビの出汁が特徴の、クセのある麺

参考価格：Saimin（$7.60）。
MAP ▶P.137 E 8

　初めて口にした時に思ったのが、「エビ臭がスゴイし、塩分が強い」。しかし、このお店のサイミンは、クセが少なく、むしろ、エビ風味のスープに自然の甘さやコクも感じる。太めの麺が、このさっぱりしたスープに合う。「生エビ」で出汁を取るとクセが強いが、「干しエビ」だと臭みやクセが減るのだ。

ノスタルジックな雰囲気を醸し出す庶民派レストラン。

現地の人はこう食べる。

★小さな器に醤油とからしを混ぜたものに、麺をディップして食べる。

★からしをスープの中に入れて、混ぜて食べる。

— memo —
中華系の移民たちが伝えた麺が、日系や他国からの移民の食文化により、変化していったもの。特に、プランテーション時代の軽食として発展・進化。うどんで作る「サイドン」もある。

Vietnamese Fondue
ベトナミーズ フォンデュ

2度、3度と、美味しい鍋

「最近、鍋ブームだ」と聞きつけて、ベトナム鍋に挑戦。豚や鶏、魚介入りスープは、酸味があって、素材のうま味が凝縮した味。ここに、エビや肉などの具を入れ、熱湯に潜らせたライスペーパーに、具と野菜を巻き、ソースを付ける。アンチョビにリンゴやレモングラス、砂糖を混ぜたソースは、甘辛く、フルーティーな味わい。

現地の人はこう食べる。

★牛肉はしゃぶしゃぶのように湯通しする。
★ソースにチリを加えて、味の変化を楽しむ。

参考価格：Vietnamese Fondue Beef & Shrimp & Calamari（$ 36.95）。
MAP ▶ P.139 L 25

--- memo ---
豚肉、鶏肉、魚介類をじっくり煮込んだスープに、タマネギやパクチーを加え、小さな鍋に移す。そこに、牛肉、エビ、イカなどの具材を入れて、火を通す。湯通ししたライスペーパーに、具材を包み、アンチョビソースで食べる。

左/揚げ春巻きなども人気。　右/最初にスープ入りの小鍋と具材が載ったお皿が並ぶ。

44

Spam Musubi
スパムむすび

お手軽に食べられるファストフード

参考価格：Spam Musubi Hot（$1.99）。／Times Supermarkets

　スパムむすびを知ったのは、かなり前のこと。日本でもお馴染みだが、私にはツナのおにぎり同様に、「必要に迫られなければ、食べない」もののひとつだった。しかし、久しぶりに食べたら、スパムの濃い味がごはんに合うし、この汁気がごはんに染み込む感じも悪くない。改めて、食わず嫌いは良くないと反省。

現地の人はこう食べる。

★コンビニやスーパーで買って、スナック感覚で食べる。
★ファストフード的な存在。
★自分で作って、お弁当的に食べる。

スーパーやコンビニで手軽に買えるスパムは、バリエーションも豊富。

— memo —
日本の「おにぎり」に、アメリカ発の缶入りランチョンミートであるスパムを組み合わせたもの。スパイシーやチョリソー風味など多彩な味があるスパムは、ハワイ州をはじめ、世界中で親しまれている。

45

Katsu
カツ

白米が進む、馴染み深い味

日本の「カツ」は豚肉が多いが、ハワイの「カツ」は鶏肉がメイン。ファストフード店やプレート・ランチ店には、大抵、チキンカツやカツカレーなどのメニューがある。塩やスパイスで味付けした鶏肉に、衣をつけて、油で揚げる。サックリとした衣に覆われたチキンカツに、ソースをたっぷりかけて味わう。ごはんが進むこと間違いなし。

現地の人はこう食べる。

★ライスは2スクープ（2盛り分）が基本で、マカロニサラダと一緒に食べる。
★ソースはたっぷりディップ。

参考価格：Chicken Katsu（$9.24）。
MAP ▶ P.140 M 26

--- memo ---
日系移民が持ち込んだ料理のひとつ。今では、ハワイのプレート・ランチやローカルフード店などでは、欠かせない人気メニュー。白米やマカロニサラダと一緒に出てくることが多い。

左／テイクアウトの際に付いてくるオリジナルのカツソース。　右／ジッピーズ・レストランは、イートインも、テイクアウトもできるローカルフード店。

Oxtail Soup
オックステールスープ

牛ダシが効いた旨味たっぷりスープ

雄牛の尾を煮込んだスープ。オックステールを、スターアニス、ピーナッツ、ショウガなどと、3〜4時間ほど煮込み、パクチーを投入。肉はほろほろと骨からはがれやすく、ショウガと醤油を付けて食べる。牛肉とスパイスが効き、塩分も強めだが、意外とあっさりとしている。また、飲みたくなるスープだ。

現地の人はこう食べる。

★最初はスープを、じっくりと味わう。
★小皿にショウガと醤油を入れ、肉を付けて食べる。

参考価格：Oxtail Soup（$18.85）。
MAP ▶ P.140 Ⓜ 26

memo
オックステールスープは、17世紀にロンドンで発明されたとされるが、韓国や中国、インドネシアなどの地域で、さまざまなバリエーションがある。ハワイのスープは、オックステールをじっくり煮込んで作る。

左／ロコの好物である料理のひとつ。Korean Fried Chicken（$8.75〜）。
右／カジュアルに地元の人気メニューを味わえる。

47

イエロー　カレー
Yellow Curry

ふんだんに蟹が入った贅沢タイカレー

多民族が暮らすハワイでは、さまざまな国の料理に出合う。洗練されたタイ料理を味わえるという、こちらのお店もそのひとつ。ロコに勧められたのは、蟹入りイエロー・カレー。アラスカ産蟹肉を、ココナッツミルクやスパイスで煮込んでいる。スパイシーながらも、濃厚でクリーミーな味わいがたまらない。

参考価格：Yellow Curry Crab（$34.95）。
MAP ▶ P.138　G 16

現地の人はこう食べる。

★ジャスミンライスと一緒に味わう。
★タイ料理店はたくさんあるが、オシャレなシチュエーションを楽しみたい時に利用する。

---

memo

グリーン、レッドと並ぶタイの3大カレーのひとつであるイエロー・カレー。ターメリックとココナッツミルクを入れることが特徴。クミン、コブミカンの葉、ナツメグ、ライムなどを加える。ライスかカノムジーン（ライスヌードル）などと一緒に食べる。

左／アメリカ本土に本店を構える本格タイ料理店のファミリービジネス。
右／人気店なので、ディナーの予約は必須。

48

Pad Thai
パッタイ

違う味、求めている時に

ハワイ料理が食傷気味の時に、ちょっと食べたくなる違う味。その中でも、パッタイを選んだ。ライスヌードルと具を、タマリンドやピーナッツ、卵、モヤシなどと一緒に炒めたタイの麺料理。運ばれてきた途端に、ナンプラーの香りが広がる。この酸味と辛味、そして、甘みが融合した味に優しさを想う。

現地の人はこう食べる。

★生もやしは麺と一緒に食べたり、箸休め的につまんだりする。
★ライムをしっかりかけて食べる。

---
memo

ハワイはローカルグルメのほか、多民族の食文化が楽しめるが、融合系と本場系に分けられる。融合系は、いろいろな食文化を取り入れ、新たな一品を生み出すもの。パッタイをはじめとする本場系は、その国や地域の味を、本格的に味わえるもの。

参考価格：Pad Thai（$12.95）。
MAP ▶ P.138　G 16

左／青パパイヤサラダ、スープ、ステーキ、チキンなどの盛り合わせ。Green Papaya Salad Platter-Som Tum（$24.95）。　右／店内はモダンな雰囲気。

モチコチキン
Mochiko Chicken

ごはんの友の、「もちこ」のチキン。

一言でいうと、ハワイ風から揚げ。一般家庭でも作るけれど、プレート・ランチやレストランでも定番だ。ショウガやニンニク、醤油、砂糖などで味付けした鶏肉を、餅粉をつけてカラッと揚げる。外側はサックサクで、中はうま味が詰まった肉汁がしたたる。ハワイの醤油は甘めで、砂糖も加えるので、やや甘めに感じる。

現地の人はこう食べる。

★プレート・ランチをテイクアウト。
★甘い醤油ベースのタレを、たっぷり付ける。

参考価格：Mochiko Chicken（$9）。
MAP ▶P.136 C 5

--- memo ---
モチコチキンに使う「モチコ」とは、餅米の粉。スーパーでは普通に、「もちこ」（Mochiko）と書かれた箱で販売している。日本の「鶏のから揚げ」の味とは少し異なり、移民が現地で手に入る食材で作り、ハワイ流に変化させてきた。

左／ハワイ通にも支持率の高いプレート・ランチのお店。　右／ヴィンテージ風のオシャレな店内。

Adobo
アドボ

フィリピンのおふくろの味

参考価格：Pork Adobo（$8.50）。
MAP ▶ P.139 Ⅰ ㉑

　ハワイで暮らすアジア系の人種で、最も多いフィリピン系の人たち。彼らに圧倒的人気のお店で、「母の味」と親しまれるアドボを味わう。酢、醤油、塩、ニンニク、コショウ、ベイリーフなどに、豚肉を9時間漬け込み、その後、2時間ほど煮込んだ。醤油やニンニクが効いた肉は柔らかく、親しみやすい味。

現地の人はこう食べる。

★フィリピンの日常食。
★ライスと一緒に食べる。
★シェアする人もいるが、一人で食べてしまうことが多い。

1974年創業のフィリピン料理店。

— memo —
アドボは、酢で漬け込んだ肉を、醤油やニンニク、砂糖などで煮込むフィリピンの家庭料理。日本の肉じゃがと同様、味付けは作り手によってさまざま。使用する肉は、鶏肉か豚肉が多い。

ちょこっと
休憩

プレート・ランチのこと。

定番料理である Sweet chili chicken（＄12.00）。

プレート・ランチのビーフ・シチュー（$12.00）も、立派なローカルフード。
MAP ▶ P.138 (H)(20)

ハワイを訪れると、「プレート・ランチのお店」とか、「あそこのプレート・ランチがおすすめ」という言葉をよく耳にする。プレート・ランチという名前だから、「ランチ」しかないと思っている人もいるかもしれないが、朝も晩も「プレート・ランチ」は存在する。

プレート（皿）に載っている場合もあるが、基本はライスとサイド、メインが、ランチ・ボックスに詰め込まれているスタイルで、日本人移民の「お弁当」の影響だといわれている。メインになるものは、チキン・カツやステーキ、アヒ・ステーキにシチューなど、実にバラエティに富んでいる。もちろん、ロコモコやガーリック・シュリンプだってある。ほとんどのお店では、出来上がったプレート・ランチが並んでいるのではなく、ライス、サイド、メインをセレクトできる。

お店にもよるが、ライスにはフリカケがかかっていたり、ブラウンライス（玄米）か白米、サイドはグリーンサラダかマカロニサラダを選べたり、自由に自分好みにアレンジできるのもうれしい。このように、いろいろなハワイグルメをカジュアルに楽しめるのが、プレート・ランチの良いところだ。

レストランやカフェで、ゆったり食事するのも良いけれど、ロコのように、気軽にプレート・ランチを買って、お気に入りの場所で食べるというスタイルはいかがだろうか？

プレート・ランチの代表格であるカカアコ・キッチン。リージョナル・キュイジーヌの有名シェフが手掛けていて、"ワンランク上のプレート・ランチ"を、リーズナブルに味わえる。一番人気のスイート・チリ・チキンは、しっかりと下味を付けたチキンを、油で揚げて、甘辛いタレで絡ませたもの。濃い目の味で、ごはんが進む一品だ。

人気もの、集めました

いろいろなお店で食べられるけれど、素材、雰囲気、歴史、それぞれ何かしらの理由があって、やっぱり、ここのものは特別。そんなローカルの声が多い、定番だけれど、人気ものを集めました。

バーガー
Burger

素材と種類の豊富さは、本場ならでは

　最近、巷で人気なのが、素材や調理法にこだわったグルメバーガー。ハワイではすっかり浸透していて、上質な牛肉を使ったバーガーを提供する店も多い。

　その中でも、ローカル絶賛のお店で、イチオシのブルー・ハワイ・バーガーを注文。パティには、ハワイ島のハマクアの海風を感じる自然環境のもと、のびのびと放牧され、牧草を食べて育ったグラスフェッドビーフを使用。生後17〜18ケ月の牛は、脂肪分が少なめで、質が高い。肉の味を活かすため、パティには塩・コショウのみ。そして、ブルーチーズ、ベーコン、レタス、トマト、オニオン、さらに、自家製の辛子マヨネーズドレッシングが入っている。チーズのクセと塩気がビーフのうま味や野菜のフレッシュ感に絡み合い、マイルドな辛さのマヨネーズ風味が口の中に広がる。バンズの種類も多いが、ロコが愛するのは「スイートロール」。甘く柔らかなパンだが、意外に肉との相性もいい。

現地の人はこう食べる。

★バーガー、ポテト、ドリンクなどのコンボでオーダー。
★バーガーを少し潰し気味にしながら食べる。
★サイドにガーリックポテトをオーダーする人が多い。
★バンズはカイザーロール、ホールウィート、スイートロール、タロロールからセレクト可能。

左／日系人が営むお店。　右／観光客の姿はあまり見かけない。

---

memo

バーガー（ハンバーガー）とは、バンズの間にパティを挟んで食べるサンドイッチの一種。アメリカでは、国民食といわれるほど一般的。代表的なパティは、牛ひき肉に、塩・コショウをふり、平たい円形にしたビーフパティ。ハワイには、地元産の上質な素材を使った、こだわりのグルメバーガーのお店は多いが、ファストフード系のシンプルでローコストのバーガーも根強い人気。手軽に利用できるファストフード系と、「食事」として楽しませてくれるグルメバーガーと、その時によって使い分けるのもいい。

参考価格：Blue Hawaii Burger（$ 10.89）。
MAP ▶ P.137 E 7

フリフリ　チキン
Huli Huli Chicken

ノースショアの名物グルメ

　サーファーに愛されるノースショアのハレイワには、いくつもの行列店に出合う。その中でも、土曜と日曜のみの営業というレイズ・キアヴェ・ブロイルド・チキンの屋台風の店舗前には、地元客に交じった観光客が大勢詰め寄せている。お目当ては、名物のフリフリ・チキンだ。

　大きなグリルの上には、串刺しになったチキンがずらりと並ぶ。見た目のインパクトもスゴイが、キアヴェの炭火で焼き上がる香ばしいチキンの香りが、食欲をそそる。約15〜20分かけて、チキンの刺さった串を何度も回転させながら焼き上げることで、表面がパリッと、中は柔らかくてジューシーに仕上がる。醤油やビネガー、ハワイアンチリペッパー、そして、秘伝のスパイスを加えた丸鶏は、甘辛いテリヤキ風のお味。メニューは、ホールチキンとハーフチキンのほか、ライスやコールスローが付いたプレート・ランチもある。

現地の人はこう食べる。

★ホールサイズを買って、みんなでシェア。
★ピリ辛のスペシャルビネガーソースを付けて食べる。
★プレート・ランチをテイクアウト。

左／膨大な量のチキンを焼き上げるスタッフたち。キアヴェの炭に焼かれるチキン。　右上／週末だけ登場するテントが目印。

— memo —

フリフリ・チキンとは、テリヤキBBQチキンの一種で、チキンに秘伝のソースを付けて、炭火で回しながら焼き上げたもの。ハワイ島のヒロで誕生したローカルフードだが、現在は、オアフ島のノースショアの有名店をはじめ、さまざまな場面で見かける。ちなみに、ハワイ語の「フリ」は、「回す」や「返す」を意味する。フリフリ・チキンを生み出したといわれるポルトガル系移民のモルガドさんは、そのソースのレシピを公開していないが、フリフリ・チキン・ソースという名で、スーパーなどで販売されている。

参考価格：Whole Chicken（$10.75）。
MAP ▶ P.140 N 28

Butter Garlic Scampi
バター　ガーリック　スカンピ

行列もいとわない、病みつきグルメ

　ノースショア名物のひとつであるニンニクたっぷりのエビ料理。カフクエリアには、数件のエビ料理専門店が軒を連ねているが、その中でも、シュリンプファームを経営しているロミーズが大評判だ。ただ、こちらのお店、待ち時間が15分〜1時間と長いので、時間に余裕を持って行くべき。ハワイ通たちがオーダーするのは、バター・ガーリック・シュリンプ。殻付きのシュリンプを、たっぷりのガーリックとバターで炒めたもの。ニンニクの香りが嗅覚を刺激して、口に入れれば、新鮮なエビのプリっとした食感がたまらない。ガーリックやバターで十分に味はついているが、醤油スパイシーソースを付けると、更に味が引き締まる。

　ほかにも、爽やかなレモンとバターガーリックソースで味わう、シンプルに蒸しあげただけのスティームド・シュリンプや、甘辛ソースで炒めたスイート＆スパイシーなどのレパートリーがある。

現地の人はこう食べる。

★ライスやサラダが付いているコンボセットをオーダー。
★ロコは1時間待ちもいとわず、行列に並ぶ。
★殻ごと食べる派と、手で殻を剥きながら食べる派がいる。

左／忙しく注文を受けるスタッフたちは、本当に働き者ばかり。　右／赤い看板が目印。

--- memo ---

「Prawns and Shrimp」は、直訳すると、どちらも「エビ」。一般的には、プラウンの方が大きめ、シュリンプの方が小振りというが、カフクエビと呼ばれるエビは、淡水で育つエビで、ロミーズではプラウンかシュリンプかをセレクトできる。なお、スカンピ（スカンピ）とは、エビをガーリックとバターなどで炒めたアメリカン料理。素材の味を感じられる茹でエビは、バターガーリックソースを付けて食べる。

参考価格：Butter Garlic Shrimp Plate（$14.25）。
MAP ▶ P.140 O 29

<small>ルンピア</small>
Lumpia

サックサクでアッツアツの春巻き

カツがロコフードとして市民権を得ているように、レストランやファーマーズ・マーケットなど、さまざまな場面で登場するのが、このフィリピン風揚げ春巻き。ビーフ・ベジタブル・ルンピアの具は、牛肉、タマネギ、グリーンピース、キャベツ、モヤシ。表面の皮はパリッと、中には塩とコショウが効いた肉と野菜がギッシリ。

現地の人はこう食べる。

★ガーリック・ソルトやコショウ、ビネガーソースを付ける人も多い。
★バナナ入りはおやつ感覚。

参考価格：Beef Vegetable Lumpia（$5）。
MAP ▶ P.139　I　21

--- memo ---
ルンピアとは、フィリピン風の揚げた春巻き。肉や野菜を巻いた食事系と、バナナやアイスクリームなどを入れたデザート系がある。ビネガーや塩、コショウ、チリソースなどを付けて食べる。

左／濃厚で甘いバナナが入ったルンピア。Banana Lumpia（$4）。　右／フィリピン風の春巻きであり、サイドオーダーの主役。

BBQ ポーク
BBQ Pork

庶民の味方の老舗でガッツリ！

　地元の人たちに熱烈に愛される店がある。セイジ、アヤコ夫妻が1961年10月に、「グッドフード、ビッグポーション、ローコスト」をモットーに創業。BBQやロコモコが人気の老舗だ。
　ロコが夢中になるBBQポークは、一晩、テリヤキソースに漬け、しっかりと味が染み込み、柔らかく甘めの優しい味。

現地の人はこう食べる。

★マカロニサラダと2スクープ（2盛り分）の白米を、お肉と一緒に味わう。
★プレートランチとして。

参考価格：BBQ Pork（＄8.50）。
MAP ▶ P.136　D　6

— memo —
鉄板や焼き網などで、肉などを焼くBBQは、ハワイでは空気のような存在。屋台でも、レストランでも、自宅でも、BBQを味わう。BBQソースは、スーパーでも販売され、ウスターソースやケチャップ、ニンニク、ショウガなどを合わせたものが一般的。

左／良心的な値段で、真心のこもった料理を提供してくれる。　右／ボリュームもあり、味も良いと評判で、地元の人たちに親しまれ続けてきた。

マナプア
Manapua

ほっこり和む素朴な味わい

　「マナプア」という響きが妙に可愛らしい。初めて、名前を聞いたときの印象だ。どのようなものかを知った時、見た目の可愛いさにもうならされた。マナプアは、簡単にいうとハワイ風肉まんのこと。蒸したものと焼いたものがあり、焼いたものは丸パンのような見た目。肉まんが可愛い？と思われるかも知れないが、ダウンタウンの運河沿いにあるお店で出合ったものは、ちょっと違ったのだ。焼いたパン生地の上に、朱色のマークが付いている。単純に、具材であるチャーシュー、チキン、カレーチキン、ポーチュギーズ・ソーセージ、カルーア・ピッグ、野菜、ブラックシュガーココナッツ、スイートポテト、自家製餡などを区別するためなのだが、その素朴なあしらいがツボに。肝心のお味はというと、軽いパン生地は、ほんのりと甘い。紫芋を使ったスイートポテト入りは、おやつ感覚でいい。地元っ子が好きだというチャーシューは、かなり甘い味付けで、好みは分かれるかもしれない。

現地の人はこう食べる。

★電話予約して、まとめて購入して、親戚や友人たちに配ることも。
★テイクアウトして、自宅や職場などで食べる。
★おやつ感覚で味わう。

左上／客がカウンターに設置されている機械から、ナンバーチケットを受取り、その順番にオーダーを受け付けるシステム。店内には席がないが、店舗前に公共の椅子とテーブルがある。　右上／自家製のチャーシューが一番人気。11種類の具を識別するマークを箱にスタンプしてくれる。　左／1974年からファミリービジネスで続いているお店。

--- memo ---

マナプアとは、ハワイ風の肉まん。中国系移民が、パン生地の中に、チャーシューやハワイのローカルフードなどを入れたのがはじまり。ハワイ語の「mea'ono pua'a（ポークケーキ）」が語源といわれる。マナプアの生地は、白いパンが基本で、中身は、赤い豚のチャーシュー、ポーチュギーズ・ソーセージ、ホットドッグ、カルーア・ピッグなど、さまざま。

参考価格：Manapua（$1.60）。
MAP ▶ P.141 (Q) 31

> ちょこっと休憩

膨大な量を消費している
ロコ溺愛のチリとは!?

チャンピオン級の人気フードであるジッピーズのチリとライス。Zippy's Chili ($5.75) ▶ P.140 Ⓜ 26

ハワイの地元の人たちが、こよなく愛するグルメがある。という話を聞くと、食べてみないわけにはいかない。その名は、チリ。チリコンカンとかチリコンカネルとかいわれる、テクス・メクス料理で知られるものである。さまざまなチリのレシピがあるのだが、一般的には豆と牛ひき肉、トマト、スパイスなど使って料理される。とはいえ、チリならば、普通に口にしているではないかという思いもある。

珍しがることもないような気もするが、ハワイのチリの消費量を聞けば、愕然とするはず。ロコたちに圧倒的な人気を誇る、ファミレス的レストランのジッピーズでは、ひと月に約10万kgを売り上げているというのだ。この数字を聞いただけでも、ロコがどれほど、チリ好きか想像できるだろう。ここまで来ると、テクス・メクス料理というより、すでに、ハワイにおいてはローカルフードと言えるかもしれない。

ちなみに、ハワイの人たちはどのようにして、膨大な量のチリを消費しているのか気になるところだが、オムレツに入れたり、マカロニサラダと一緒に食べたり、ライスやパンに載せたりと、さまざまな食べ方を楽しむという。食生活の一部と化している地元の人たちの溺愛グルメを、ぜひ、ロコ流に味わってみたい。

左／メディアでも活躍する地元っ子のショーンさんも絶賛するチリ。「ロコが子供の頃から慣れ親しんだ味で、マカロニサラダを合わせて食べるのもおすすめ」と教えてくれた。　右／ビーンズ抜きも選べる。ライスやコーンブレッドとのセットがある。

伝統のもの

ハワイ料理はさまざまな文化が融合して形成されている。その中でも、ポリネシア系民族が伝えたという食文化には伝統料理とされるものが多い。先住民たちのルーツに想いを馳せながら、ぜひ、いろいろな味を楽しみたい。

ラウラウ
Laulau

葉の中に素材のうま味が、ぎゅぅ～と凝縮

　ハワイ伝統料理が評判のお店で、ラウラウをオーダー。今までもラウラウを食したことは何度もあったけれど、さほど、この料理に感動したことも、興味をそそられたこともなかった。

　しかし、このお店では、蒸しあがってきた時の匂いを嗅いだ途端、たちまち胃の中に隙間が出来たような気がした。しっとりとしたティーリーフをめくると、ふにゃふにゃになったタロ・リーフが現れた。そして、その隙間から、肉汁たっぷりの豚肉が顔を覗かせる。3～4時間も蒸されただけあって、ホロホロと柔らかい豚肉は、ほのかに磯の香りを漂わせている。豚肉のほか、風味付けに魚も少し入れているのだ。それ以外には、シンプルにハワイアンソルトだけで調理されている。しっかりと塩と磯の風味が効いている。タロ・リーフと一緒に、豚肉をじっくりと噛みしめると、素材のうま味が、じわっ～と染み出てきた。ラウラウは、オーダーのマストアイテムになりそうだ。

現地の人はこう食べる。

★ハワイアン・チリ・ウォーターや醤油を付ける。
★ラウラウにポイ（P.76）を付けて食べることも。
★プレート・ランチとして食べる。

左／ラウラウはティーリーフに包まれて出てくる。　中／チリと水、酢で作られる調味料、ハワイアン・チリ・ウォーターは、ハワイグルメの必須アイテム。　右／数々の栄誉ある賞を得ているお店。

— memo —

ラウラウは、ハワイの伝統的な料理のひとつ。タロイモの葉で、豚肉や鶏肉、魚などを包んで、更に、ティーリーフで包み、イムと呼ばれるハワイ式土中窯に入れて、蒸し焼きにする。調味料は、シンプルに塩を加えるだけの場合が多い。現代では、イムはルアウショーなどの場面で使用されることがあるが、一般的にはオーブンや蒸し器で調理される。

参考価格：Laulau（$ 4.50）。
MAP ▶ P.141 R 32

Poi
ポイ

これが伝統的なハワイの主食です

　パンやライスではなく、古代よりハワイの主食はポイだった。何度か口にする場面があったが、タロイモから作ったペースト状のすっぱいものという印象だけだった。伝統料理やポイの作り方を知りたいならと、ワイアホレ・ポイ・ファクトリーを勧められた。ポイ作りのデモの日時を確認して訪問。伝統料理を一通り食べ終わった頃、デモが始まった。約1時間30分ほど蒸したアツアツのカロ（タロイモ）を、パパ・クイ・アイと呼ばれる木製のボードに載せ、ポハク・クイ・アイ（石）でたたいて潰す。水を付けながら、餅をつくように繰り返し、滑らかになるまで続ける。味見させてもらうと、滑らかで柔らかく、イモの風味を感じさせ、ほのかな甘みを帯びている。

　しかし、ポイはこの状態で完成ではない。熱湯にこの塊を入れ、1～2日ほど発酵させる。発酵させて完成したというポイも味わったが、やはりかなりの酸味を帯び、先ほどのようなイモの風味や甘みも感じなくなっていた。

現地の人はこう食べる。

★主食として食べる。
★ラウラウやカルア・ピッグなどと一緒に味わう。
★砂糖を加えて食べる人もいる。

左／子どもの頃からポイ作りに親しんできたリコさんたちが、デモンストレーションで、昔ながらのポイ作りを披露してくれる。（要日時間合せ）。
右／タロイモの葉。

— memo —

タロイモから作られるポイは、ポリネシアの主食として食べられている。ハワイでは、タロイモは神聖なものとされてきた。蒸したタロイモをペースト状にして発酵させたものだが、発酵させる日数が長いほど、酸味が増して、クセが強くなる。ポイを見かけることは減ったが、タロイモ自体は、パンケーキやパン、タロチップスとして、日常的にハワイの食卓で見かける。

参考価格：Poi（$8／1 lb）。
MAP ▶ P.141 S 34

※ポイは、写真中央、ベージュのペースト状のもの。

77

Poke
ポケ

やっぱり本場の味は違う?!

ポケ(ポキ)の中でも、マグロを使った「アヒ・ポケ」が有名。たくさん食べてきた中でも、スパイシー・アヒ・ポケ・ボウルは、クセになる。ピリ辛だけれど、アボカドがマイルドに調和してくれる。ハワイ近海産の新鮮で、身が引き締まったマグロの赤身を使用。人気店だからといって、妥協の無い味づくりに、本場は違うと感動。

現地の人はこう食べる。

★ 数種類のポケを選べるプレートランチ店も多い。
★ スーパーの総菜コーナーで量り売りも。

参考価格:Spicy Ahi Poke Bowl($14.95)。
MAP ▶ P.138 G 15

> **memo**
> ポケ(ポキ)とは、ハワイ語で「切り身」。ポケのレシピは幾通りもあるが、基本は切り身のマグロ、タマネギ、ゴマ油、醤油や塩、オゴ(海藻)などを混ぜただけのシンプルな料理。マグロ以外にも、タコ、サーモン、エビなど無数にあり、調味料も塩やキムチ、マヨネーズなどを使うものも多い。

スーパーやプレートランチ店などでは、種類も多く、量り売りで購入できる。

ロミロミ　サーモン
Lomi Lomi Salmon

揉まれて作る、名脇役サラダ

参考価格：Lomi Lomi Salmon（$3）。
MAP ▶P141 Ⓢ ㉞

　肉料理が多い中で、ちょっと、箸休め的な存在が必要になる。そんな時に食べたいのが、ロミロミ・サーモン。生の塩鮭に、ネギ、スイートオニオン、トマトを加えて、揉みこんで作る。程よい塩分のサーモンと野菜のバランスが絶妙なローカルサラダだ。口の中がさっぱりとして、メイン料理の食も進む。

現地の人はこう食べる。

★プレートランチなどで、サラダ・副菜的な役割を果たす。
★ルアウショーなどでローカルフードとして出される。

左／テイクアウト式のお店だが、店舗前に椅子とテーブルが用意。　右／伝統的なハワイ料理を、いろいろと味わいたい。

---
memo

生サーモンとトマト、タマネギなどを、揉みこんで作るサラダ。ロミロミは、ハワイ語で「マッサージする」という意味があり、素材をマッサージするように作られることから名付けられたといわれる。

79

ピピカウラ
Pipikaula

ハワイアンカウボーイの保存食

ハワイ版ビーフジャーキーのピピカウラ。硬くて、噛みちぎるのが大変なものもあるが、知人に勧められたお店で食べたのは別物。ビーフ・ショートリブを、醤油ベースのタレに1晩漬け、6～8時間吊し干し。ほんのり甘い醤油味の身の部分は程よい硬さで、骨の際まで味が染み込んでいた。ごはんも進むニクいやつ。

現地の人はこう食べる。

★ごはんと一緒に味わう。
★ポイ(P.76)を付けて食べる。
★乾燥したタイプは、保存食としても。

> **memo**
> パニオロと呼ばれるハワイのカウボーイたちが、保存食として作っていたのが始まり。ビーフジャーキーのように、塩分や調味料をしっかりと付けて乾燥させたものが多い。

参考価格：Pipikaula（$7.75）。
MAP ▶ P.141 R 32

左／噛むほどに味が染み出る。ワイアホレ・ポイ・ファクトリー(MAP ▲ P.141-S ㉞)のピピカウラ。　右／ヘレナズ・ハワイアン・フードでは、1日350～400パウンドのピピカウラが売れる。

Kalua Pig
カルア ピッグ

衝撃的な出合いだったけれど、食に感謝

参考価格：Kalua Pig Plate（＄9.50）。
MAP ▶ P.141 S 34

かなり前に訪れたルアウ（ハワイ式の宴）ショーでの出来事。豚がバナナリーフやティリーフと共に、土中窯で蒸し焼きに。ほぐされた身へと姿を変え、ディナーで登場したのだ。素朴な豚の味だった。今回のものは、ハワイアンソルトだけで味付けした豚肉を、オーブンで14～16時間、キアヴェの炭で燻製。香り豊かで塩味の効いた豚肉は、奥深い味がした。

現地の人はこう食べる。

★ルアウショーのディナーとしての定番。
★プレート・ランチ。
★濃い目の味付けにして、ごはんと一緒に味わう。

左／ワイアホレ・ポイ・ファクトリー内。 右／接客中は笑顔が可愛かったが、忙しい中、撮影に協力してもらうと、緊張気味のご様子。

― memo ―
ティリーフに包んだ豚を、土中窯のイムで蒸し焼きにした料理で、ルアウショーの定番。カルア・ポークともいう。塩やスパイスなどで味付けし、ホイルなどで包んでオーブンで蒸し焼きに。日常的なおかずとしても食べられる。

81

ププ
Pupu

迷った時は、盛り合わせが一番！

　前菜やおつまみを意味する「ププ」。ワイキキの有名店には、近海産マグロのポケやカウアイ産ガーリックシュリンプ、マウイオニオン、モチコチキンなど、いろいろなハワイの味を贅沢に試せるププ・サンプラーがある。「これ」と決められない時や、少しずつ違った味を食べたい時におすすめだ。

参考価格：Taste of Aloha（$25）。
MAP ▶ P.137 F 9

現地の人はこう食べる。

★ディナーの前菜。
★お酒のおつまみ。
★盛り合わせで、いろいろな味を試す。

---
memo

「ププ」という食べ物があるのではなく、ハワイの前菜、おつまみなどの総称。そのため、レストランなどによって、伝統料理もあれば、新鮮なシーフードもあるし、フライドチキンなどもある。

ロコモコやガーリック・シュリンプなどのローカルフードが揃うアロハ・テーブル。ワイキキの中心部にあるという便利な立地。

Lūau
ルアウ

ハワイらしい素材が詰まったシチュー

参考価格：Luau Plate（$9.50）。
MAP ▶ P.141 Ⓢ ㉞

「ルアウ」というと、ハワイ式宴会が有名。しかし、先に存在したのは、タロイモの若葉を意味する「ルアウ」。この葉と一緒に、イカや肉などを、ココナッツミルクで煮込んだ料理の名前にもなった。イカのルアウは、煮込まれてクタクタになった葉とイカが、ココナッツ風味でまろやかな南国を感じさせる味。

現地の人はこう食べる。

★副菜として味わう。
★ごはんと一緒に味わう。
★プレートランチの一品として食べる。

左／ワイアホレ・ポイ・ファクトリーでは、スクイード（イカ）・ルアウとビーフ・ルアウが味わえる。

--- memo ---
ハワイではタロイモを「Kalo（カロ）」と呼ぶ。主食として重宝されてきたカロは、葉の部分も余すことなく利用される。ルアウは、この葉と一緒に、鶏、豚、牛などの肉類やイカなどをココナッツミルクで煮込んだもの。

ちょこっと休憩

ハワイ伝統のおやつ

フォトジェニックなカラフルスイーツが、街中を彩るハワイ。そんな中、目立たなくても、しっかりとローカルの心を捉えて離さぬスイーツがある。地味だけれど愛される、伝統的なおやつをご紹介しよう。

参考価格：上／Kulolo（$2.50）。下／Haupia（$2.50）。　MAP ▶ P.141 34

ワイアホレ・ポイ・ファクトリーのクロロは、タロとココナッツミルク、砂糖を混ぜて、約20時間蒸して作られる。温かいデザートに、アイスクリーム（＋＄2）を載せるのがおすすめ。
MAP ▶P.141 ⓢ㉞

多彩なスイーツがある中で、ぜひ、味わっておきたいのが、ハワイの伝統的なおやつ。そのなかで、特に有名なのは、クロロとハウピア。

クロロというのは、見た目は蒸しパンのようだが、モッチリとした食感で甘いカラメルのような味わいのもの。伝統的な作り方は、カロ（タロイモ）を主原料として、ココナッツミルクと砂糖などを入れて、ティーリーフで包んで、イム（土窯）の中で、6時間ほど蒸す。もちろん、現代では、イムを用意するのが大変なので、型に入れて、オーブンで焼き上げるのが一般的となっている。

一方でハウピアは、ココナッツを使ったプリンで、伝統的な宴であるルアウなどのデザートに供されることも多い。古来の作り方は、熱したココナッツミルクとピア（デンプン、昔はタシロイモを使用）を、固くなるまで混ぜる。タシロイモのデンプンの代用として、現在はコーンスターチを用いることもある。素朴で、優しい甘さの伝統おやつは、どこか懐かしくて、優しい味がする。ハウピアは、パイやマラサダなどに用いられることもあるので、口にする機会も増える。

ぜひ、昔ながらのハワイのおやつも味わっていただきたい。

左／ハワイアンフードで有名なワイアホレ・ポイ・ファクトリーでは、伝統的なハワイのデザートも味わえる。 右／甘いリリコイクリームが入ったリリコイ・バター・モチ（＄6）も販売。

87

あまいもの

カロリーが気になるけれど、やっぱり食べたくなるあまいもの。多民族のハワイならではの豊富な味に、新鮮だったり、懐かしさを覚えたり。素朴なおやつや伝統菓子など、いろいろな場面や用途で選べる。ハワイの素材を活かしたものにも注目。

Mochi
モチ

カラフルさに唖然！食べると大福

　色彩豊かな「MOCHI」は、日本風の大福。色味に驚くが、中の餡は全て豆から手作りされた本格派。ただ、ココナッツやリリコイ、ピーナッツバターなどを餡に練り込むところが、何ともハワイらしい。ちなみに、おすすめは、柔らかいモチの中に、甘酸っぱいリリコイクリームと甘い白餡が調和するリリコイモチ。

現地の人はこう食べる。

★おやつとして食べる。
★手土産にするため、まとめ買いする。
★お茶請けにする。

参考価格：Mochi（90¢〜＄1.10）。
MAP ▶ P.141　T 35

---

memo
日系人の多いハワイでは、和菓子を作るお店がいくつもあった。現在では、ホノルルには数件しか残っていないが、ニッショウドウ・キャンディー・ストアの菓子は、スーパーなどでも販売している。

左／店舗裏の工場で手作りされている。右／日系人が営む「和菓子屋」は、工場地帯のような倉庫街の一角にある。

チチ ダンゴ
Chichi Dango

暮らしに密着したミルキーな菓子

ハワイの名物菓子ともいえるチチ・ダンゴ。紅白のものは、お正月や祝事、ホームパーティーの時に持って行くことが多い。ロコの暮らしに、欠かせない存在だ。モチコと砂糖、ミルクを混ぜて、練って作られたもので、求肥のように柔らかくて、ミルク風味。オレンジやブルーベリーなどのフルーツ味もある。

現地の人はこう食べる。

★祝い事やホームパーティーの手土産に。
★日系人が新年や端午の節句、神事のお供えに。

— memo —
広島の乳団子が元祖。ニッショウドウは、1918年、広島からハワイへ移住したヒラオ氏をはじめとした3人の日本人によって創業。1921年にモチ作りを教わり、1950年代にヒラオ氏が故郷の広島で乳団子作りを学んだ。

参考価格：Chichi Dango（$7.50／1lb）。
MAP ▶ P.141 T 35

左／毎朝、4時から作り始めているという。　右／1日に240パウンド売れている人気のチチ・ダンゴ。

Cookies
クッキー

パイナップルの形の超定番

　ハワイのおみやげに、ここのショートブレッド・クッキーを渡すと、「うれしい！　久しぶりに、食べたかった」とか、「やっぱり、ここのこれよね」とか、お世辞もあるかもしれないが、嬉しそうな笑顔が見られる。このパイナップルの形をしたクッキーは、知名度も高く、おみやげとして絶大の人気を誇るが、見た目の可愛らしさ、ハワイらしさだけではなく、厳選された上質な材料で作られていることも、リピート率が高い理由だろう。

　マカダミアナッツやコーヒー、リリコイ、パイナップル、マンゴーなどを、生地に練り込んだり、クッキーにディップしたりと、フレーバーの数が豊富なのも魅力的だ。シーズン限定品が登場するのも良い。マカダミアナッツが入ったサックサクのショートブレッドに、チョコレートがたっぷりディップされているタイプが、私のお気に入り。香ばしいクッキーと甘くて上質なチョコレートが絡み合う味がたまらない。

現地の人はこう食べる。

★リピーターは、定番と期間限定のフレーバーをまとめ買いする。
★ギフト仕様が豊富なので、プレゼントとして利用。

左／日本語を話せるスタッフが多い。
右／上質なバターや小麦粉などを使用したプレミアム・ショートブレッド・クッキーは、ギフトにもふさわしいパッケージが揃う。

--- memo ---

クッキーはペルシャ圏で誕生し、その後、素材や形を変えながら、世界中に広まった焼き菓子。現在のハワイでは、素材にこだわるものが増えていて、オーガニック小麦粉や上質なバターを原料としたものもある。また、フレーバーも、マカダミアナッツやパイナップル、コナ・コーヒー、ココナッツ、リリコイ、マンゴーなど、ハワイ素材を使用するタイプが人気。工場生産やホームメイド風など、ビジネス形態も多様。ビーガン向けクッキーとして、ミルクを使わず、ココナッツミルクや豆乳などで作られるものも増えてきた。

参考価格：Cookie（＄1／1枚）。
MAP ▶ P.138 G 13

<small>カップ ケーキ</small>
Cup Cake

赤いけれど、ココアの味

　ロコ御用達のベーカリー＆カフェ。ここに、素朴だけれど、地元っ子に愛されているカップ・ケーキがあるという。オレオやグアバ味も人気だが、一番人気はレッドベルベット。見た目は赤いが、お味はココア風味で、生地もしっとり。たっぷりかかっているのは、甘いバタークリームだ。さながら、懐かしのアメリカの味。

現地の人はこう食べる。

★パーティーなどのおみやげにまとめ買い。
★クリームをしっかりと生地に付けながら食べる。

参考価格：Cup Cake（$2.59）。
MAP ▶ P.141　R 33

---

memo
定番スイーツのカップ・ケーキ。日本ではさほど馴染みのないレッドベルベットは、アメリカ南部では、家庭で作るママの味とされるくらい一般的なもの。生地にココアを入れ、赤い色素を加えている。

左／併設されているパン工房では、職人さんが手際よく作業。　右／1950年に創業されたリリハ・ベーカリー。マラサダやあんパン、スイートブレッド、スコーン、クッキーなど、種類も豊富。

94

Cream Puff
クリーム　パフ

あま〜いけれど、つい手が出るもの

「抹茶も良いけれど、ココパフが一番！」と、地元客が笑顔で教えてくれた。ココパフとは、チョコカスタード入りのシュークリーム。その上には、シャンテリー・バタークリームがたっぷり。小さいのにずっしりしているし、目が覚めるような甘さにびっくり。でも、ついつい食べたくなるから不思議。

現地の人はこう食べる。

★パーティーなどの手土産として。
★老若男女に愛されるスイーツ。

参考価格：Cream Puff（$1.85〜）。
MAP ▶ P.141　R 33

--- memo ---
クリーム・パフは、いわゆるシュークリームのこと。シュー生地の中に、カスタードやホイップクリームなどが入っていて、表面には甘いバタークリームやシャンテリークリームなどがかけられている。

左／店員さんが手にしているのは、スイートブレッド。ローカルの日常パンだ。　右／リリハ・ベーカリーの本店にあるカフェのカウンターは、いつも地元客で満席。

ケーキ ボム
Cake Bomb
カラフルなオリジナルケーキが話題

　次々と新しいお店やスイーツが登場するハワイ。王道の定番人気もいいけれど、新顔の味も気になるもの。

　「可愛らしいスイーツがある」と勧められたお店を訪ねるとハワイ生まれのオーナーが、にこやかに迎えてくれた。ロスのペストリーショップやハワイのベーカリーなどで経験を積んで、2016年9月に、自分のお店をオープンしたという。注目すべきは、ケーキ・ボム。クグロフに似た形のケーキは、レモンや抹茶、チョコレート、コーヒー、キャラメル、ハニーなどのグレイズがかけられている。レモン味を食べる。ひと口食べた瞬間に、たちまちレモングレイズの甘酸っぱさが、強く主張してくる。それから、しっとりととろけるように、柔らかいケーキ生地に染み込んでいるような、爽やかなレモンの香りが口に広がる。フレーバーの強さが、味わった人に驚きをもたらせるという意味を名前にも込めた「ケーキ・ボム」。見た目だけではなく、新しい味に出合えた気がする。

現地の人はこう食べる。

★おやつとして食べる。
★手土産としてテイクアウト。
★コーヒーのおともにする。

左下／リヒムイやココア、コーヒーなどのマラサダは、オーダーしてから3〜5分で出来上がる。　中／新発想のデザートを生み出している、ハワイ生まれの女性オーナー。　右上／抜けるようなエメラルド・グリーンが、ショップのテーマカラー。

— memo —
ケーキ・ボムというパイプライン・ベイクショップ・クリーマリーのオリジナルケーキ。レモンケーキ＋レモングレイズ、抹茶ケーキ＋抹茶グレイズというように、ケーキ生地も変えているこだわりよう。一種類だけではなく、いろいろなフレーバーを味わってみたい。

参考価格：Cake Bomb（$3.50）。
MAP ▶ P.139 L 24

チョコレート
Chocolate

上質なハワイ産カカオの絶品

　「ここのチョコは、本格派」と、ハワイ通の間では有名なお店。オアフ島のノースショアで栽培されているカカオを使用し、数々の賞を獲得。味わった中でも、格別だったのが、ミルクチョコレート。口溶けがなめらかで、フルーティーなカカオの風味を感じさせ、チョコレートの濃厚さと甘さのバランスが絶品。

現地の人はこう食べる。

★リピーター率の高いチョコレート。
★グルメな人へのおみやげとして、まとめ買いする人も。

参考価格：Single Chocolate Bar（$7）。
MAP ▶ P.138　

---

memo
オアフ島ノースショアのワイアルアにて、オーガニックのカカオ豆を栽培。そのカカオ豆を手摘みして、チョコレートバー（板チョコ）、トリュフ、キャラメルなどを作っている。

左／オーナー夫妻（左2名）が、高品質のオアフ島産カカオ豆に出合って、チョコレートをファーマーズ・マーケットで販売したところからスタート。

Hawaiian Pie
ハワイアン パイ

世界中にファンを持つテッズ・パイを求めて！

参考価格：Chocolate Haupia Cream Pie（$3.91）。
MAP ▶ P140 P 30

チョコレート・ハウピアパイ目当てに、はるばるノース・ショアのテッズ・ベーカリーへ。スーパーでも手に入るが、本店で味わいたかったのだ。パイ生地は驚くほどサックリ。程よい甘さのチョコクリームとココナッツクリームも絶妙！ ゆったりとした空気感も味わえて、長距離旅の疲れも癒される。

現地の人はこう食べる。

★プレート・ランチの食後に味わう。
★ホールで買って、家族でシェアする。

左／ペイストリーやプレート・ランチも、バリエーションが豊富。ロコや観光客が店舗前のオープンシートで、のんびりと寛ぐ。

---- memo ----
ハワイには地元素材を使ったパイがある。有名なのが、日系2世が1956年、ハレイワにサンセットビーチストアを開き、その息子さんが1987年に始めたベーカリーのテッズ・パイ。

99

> ちょこっと休憩

ハワイで食べたい トロピカルフルーツ

多種多様なフルーツに恵まれているハワイ。常夏なので、ハワイのフルーツに旬は無いと思っている人もいるかもしれないが、すべてのフルーツが、年中、収穫できるわけではない。それぞれのフルーツには、日本同様に旬の収穫時期があるものも多い。

そのオン・シーズンに採れた新鮮フルーツは、甘くて、風味も良く、絶品だ。旅の時期に美味しいフルーツに出合うには、農産者が集うファーマーズ・マーケットでチェックするのが近道である。その時期に採れた新鮮なフルーツが直接に持ち込まれて、集められるからだ。生産者とのやり取りも楽しめるし、美味しい食べ方を伝授してもらうといい。現地ならではの食べ方というものを教えてもらえるだろう。

ハワイを訪れたら、ぜひとも、旬のフルーツを、思いっきり味わい尽くしたい。ここでは、ファーマーズ・マーケットで出合った地元の人たちがおすすめするフルーツの一部をご紹介しよう。珍しいものから、日本で馴染みのものまであるが、旬のものは、甘みも旨味も鮮度も抜群だ。

ブレッドフルーツ
Breadfruit

ハワイでは蒸したり、焼いたりして、主食とされていた。ハワイ語で「ウル」、日本名は「パンノキ」。この実は、蒸すと甘みを抑えたサツマイモのような味になる。

ココナッツ
Coconut

ヤシの実。ヤングココナッツの中に入っている液体を、ココナッツジュース、白い実の部分をコプラと呼ぶ。コプラはスプーンなどで削って、しょうゆとワサビ、チリソルトなどで食べることも。

パパイヤ
Papaya

ハワイ島で栽培されているパパイヤが多い。果実の青いうちは、サラダなどに用いられることもあるが、熟すと、濃厚な甘みと香りが出てくる。

ドラゴンフルーツ
Dragon Fruit

別名「ピタヤ」。酸味と甘みを持つさっぱりとした風味のフルーツ。ホワイト、レッド、イエローなどの種類がある。その栄養価は、数年前から注目。

バナナ
Banana

ハワイで見かけるバナナは、アップルバナナ、クッキングバナナ、バナナウィリアムス、アイスクリームバナナなど、種類が豊富。

スターフルーツ
Star Fruit

輪切りにすると断面が星形になっている。シャリッとした歯ごたえで、熟すと甘くて、すっきりとした味わい。

冷たいもの

南国ハワイで欲するのが、冷たいもの。街歩きの途中で立ち寄るカフェやファーマーズ・マーケットで、魅惑的なひんやり系に出合う。フルーツ系アイスやスムージーなどで身体のほてりを鎮めよう！

アイスクリーム＆ソルベ
Ice Cream & Sorbet
小さなフルーツ店の人気もの

　暑い陽射しから逃れるように駆け込んだお店。ヘンリーズ・プレイスのほか、「高橋果実店」という看板が掲げられている。名前からすると、フルーツパーラーという印象だが、冷蔵ケース内にカットフルーツはあるが、丸ごとのフルーツはほんの少し。露店のように小さなショップには、いくつものガラスのショーケースが並び、中にはサンドイッチやジュースも冷えている。

　多くの人がここへ来る目的は、アイスクリームとソルベ。季節によってフルーツは異なるが、果実店らしく、新鮮なハワイ産フルーツを使用。ソルベはフルーツと砂糖、アイスクリームは、それに、卵、ミルク、クリームが加わったもの。大きめカップに、ギッシリと詰まっているワンサイズのみ。ストロベリーソルベは、ザ・ストロベリーというほどフルーツ度が高く、凝縮された味わい。マンゴーアイスは、香り豊かなマンゴーにクリーミーさがプラス。食べ終える頃には、熱を帯びていた身体が、しっかり冷えていた。

現地の人はこう食べる。

★身体を冷やすジュース感覚で食べる。
★仕事の合間の息抜きに食べる。
★サンドイッチを目当てに訪れる口コミも多い。

左上／ワイキキのリゾートホテルが並ぶ一角にあり、観光客の姿も多いが、朝食や昼時はローカルの人たちが軽食を求めて、店内が溢れかえる。　右上／気さくに話をしてくれるヘンリーさん。　左下／果実店時代の看板。

— memo —
ヘンリーズ・プレイスは、日系3世の高橋ヘンリーさんが営むお店。最初はフルーツパーラーとしてスタートし、その後、軽食を置き、現在の場所に移転してからは、カットフルーツやアイス、ソルベなどを販売するように。朝食やランチ時には、ローカルの人たちが、サンドイッチを買いに来る。その一方で、観光客がカットフルーツやアイス、ソルベを求めてやってくる。

参考価格：Sorbet（$5.25）、Ice Cream（$5.25）。
MAP ▶ P.137 (F) (11)

バナン
Banan

地元愛が生んだエコ・スイーツ

　「ローカル、シンプル、フレッシュ」というコンセプトを掲げているバナン。ここの看板メニューは、バナナと水だけで作っているというオリジナル・バナナ・ボウル。このデザートは、見た目がソフトクリームのようだが、乳製品や砂糖は入っていないため、とってもヘルシー。お味は、もちろん、まろやかで冷たい濃厚バナナ。ただ、パインやイチゴ、ココナッツ、ハチミツ、マックナッツなどのトッピングもあるので、いろいろとアレンジを楽しみたい。また、バナナとアサイ、ミント、リリコイ、抹茶などと組み合わせたフレーバーも展開。

　ちなみに、このお店は、ローカル育ちの高校の同級生4人が集まって、フードトラックでバナンを販売したところからスタート。地元農家を盛り上げ、無駄を省くという信念が支持され、人気に火がつき、大学近くやワイキキ中心部にも出店。ヘルシーでフォトジェニックなひんやりスイーツは、ロコの若者にも愛されている。

現地の人はこう食べる。

★ヘルシー志向のロコにも支持が高い。
★パパイヤ・ボートが人気。

左／オーナーのひとり、ルークさん。
右／裏通りにひっそりとあるビーチシャック店。

— memo —
ハワイの農家をサポートするため、ローカル産の食材のみを使用し、店舗前にはバナナやパパイヤ、ココナッツなどがどこで採れたのか、一目で分かる農園リストも掲げられている。また、大量に出るバナナの皮は、豚のエサにする取り組みもしている。

参考価格：Papaya Boat（$10〜）。
MAP ▶ P.138 (G) 17

<small>アサイ　ボウル</small>
Acai Bowl

名物は行列しても、食べたくなる

常に行列が出来ているカフェのアサイ・ボウルは、フォトジェニックだと人気が高い。豆乳入りのマイルドなアサイスムージーに、グラノーラやフルーツ、ハチミツなど、いろいろな味と食感が楽しめるオリジナル・アサイ・ボウル。旅先で不足しがちな鉄分や食物繊維が豊富なので、サプリ感覚で食べている。

参考価格：Original Acai Bowl（$9.65）。
MAP ▶P.138 G 15

現地の人はこう食べる。

★ヘルシーな朝ごはんや、サプリ的な感覚で食べる。
★すべての具を混ぜ合わせて食べる。

--- memo ---
ブラジル発のアサイ・ボウルは、スムージーにしたアサイの上に、フルーツやグラノーラをトッピングした冷たいデザート。ポリフェノールや鉄分、食物繊維が豊富なため、健康や美容に良いと話題。ハワイのさまざまなカフェやレストランで見かける。

デザートとしてならば、ミニサイズがおすすめ。リリコイ、ハウピア、カカオなどのモアナ・ミックスはアップルジュースとアーモンドミルクがベース。

Pitaya Bowl
ピタヤ　ボウル

栄養価が高く、注目度も高いフルーツ

話題のピタヤ（ドラゴンフルーツ）は、ミネラルが豊富。ホワイト、イエロー、レッドなどの種類があり、ピタヤボウルはレッドを使っているため、鮮やかな赤い色彩。ラニカイ・ジュースのピタヤボウルは、オーガニックのピタヤに、ココナッツミルクやバナナ、イチゴなどがブレンドされた濃厚な味わい。

現地の人はこう食べる。

★朝ごはんとして食べる。
★スーパーフルーツとして、栄養素に注目。

参考価格：Pitaya Bowl（$10）。
MAP ▶ P.142　J ㉒

--- memo ---
栄養価の高さからスーパーフルーツと称されるピタヤ。ポリフェノールやアントシアニン、カルシウム、鉄分、食物繊維などを含む。きちんと熟していないと、薄い水っぽい味のフルーツだが、熟すと甘くて、ジューシーな味になる。

左／リゾートホテル内の一角にあるショップ。　右／ホノルルのほか、カイルアやハレイワにも店舗を持つ。

111

シェイブ アイス
Shave Ice

自然な甘さのハワイ版かき氷

　天然素材を使ったこちらのシェイブアイスは、人工甘味料や保存料が不使用。シロップはハワイ産の新鮮なリリコイやマンゴーなどから作られ、天然果実の味そのもの。また、トッピングには、口の中でジュースがはじけるボバや自家製もち、氷の中にはフローズンヨーグルトやアイスクリームが隠れているという食感の違いも楽しめる。

現地の人はこう食べる。

★暑さをしのぐために食べる。
★おやつとして食べる。
★トッピングやシロップをすべて混ぜる。

参考価格：Heavenly Lilikoi（$7.85）。
MAP ▶ P.138　G 14

--- memo ---
シェイブアイスとは、ハワイ風かき氷のこと。カラフルで着色料たっぷりなシェイブアイスもあるが、近年は、オーガニックやローカル産にこだわって、天然素材を使ったシロップが増えてきた。

ワイキキ中心部にあるので、ショッピングの合間に寄りたい。

Malamode
マラモード

ありそうで無かった新スイーツ

粒揃いが多い12thアベニュー近くにあるお店。ここに不思議なデザートがあると聞いたが、出てきたのは、一見普通のマラサダ。しかし、割ると、中にはアイスクリームが入っていた。この温度差に戸惑ったが、ふんわり温かいマラサダに、甘いアイスが溶け込み、クリーミーで美味しい。新鮮だけど、懐かしいような甘いデザート。

現地の人はこう食べる。

★マラサダをスプーンのように使って、アイスをすくって食べる人も。

参考価格：Malamode（$5.50）。
MAP ▶ P.139 L 24

---

memo
ポルトガル発祥のマラサダのなかに、ホームメイドアイスを入れたもの。ありそうで、無かった新しいデザート。パイプライン・ベイクショップ・クリーマリーのオーナーが考案。

左／Malamodeが登場する日は限られているので確認しよう。　右／イートインスペースもあるので、出来立てを楽しみたい。

アイス クリーム
Ice Cream

実験の繰り返しで誕生

　「ベーコン・ウィスキー」と聞いて、耳を疑った。訪れていたのは、アイスクリームショップだし、聞いたのは、おすすめのフレーバー。「試す？」と言われたので、お味見をさせてもらう。「あ、美味しい」。素直にこの言葉が飛び出した。パンチの効いたウィスキーに、甘辛いベーコンがトッピングされ、絶妙なバランスを保っている大人の味。他では出合ったことの無い取り合わせに驚いたが、この常識を覆すようなフレーバーが、アイスクリームのコンテストで優勝したという。

　聞けば、このユニークな味を生み出したのは、オーナーによって繰り返し行われている実験の賜物だ。いかに斬新で、他には無いような味を誕生させるかと、さまざまな食材の組み合わせを試しているという。店名にラボと付くのも納得だ。手作りのアイスは、地元産の新鮮な食材を中心に使用。また、フルーツループやマシュマロなど10種類以上あるトッピングが、写真映えすると好評だ。

現地の人はこう食べる。

★フレーバーのサンプルをテイスティングしてから、お気に入りをオーダー。
★コーンやカップは、ケーキコーン、シュガー（ワッフル）コーン、シングル、ダブル、トリプルなどから選べる。
★フレーバーの種類は、その時によって異なる。

オリジナリティー溢れるアイスは、常時18種並ぶ。ハワイ産の素材をメインに使った実験結果を楽しみたい。

— memo —
アイスクリームショップでは、アイスのフレーバーのサンプルを味見させてもらえる。気に入ったアイスを決めたら、カップやコーン、また、そのサイズを選び、トッピングの種類をオーダーする。パンにアイスとジャムをサンドしたパン・デ・クリームにも注目。

参考価格：Homemade Ice Cream ＋ Topping（＄4.25 ／ single ＋ 60￠ each）。

スムージー
Smoothie

飲む、トロピカルフルーツ

　パイナップルやマンゴーなどを、そのまま冷やして飲んでいるような感覚のスムージー。材料は、新鮮なフルーツとジュース、オーガニックハニーだけとシンプル。また、ミントの香りが爽やかなケールやパセリ入りのグリーン・マンゴーは、ビタミンや食物繊維、葉酸などを手軽に摂取できる。

現地の人はこう食べる。

★ビタミンや食物繊維などの栄養素の補給にも。
★ヘルシーだと、健康志向の人に好評。

参考価格：Mango Mango Pineapple（$6.50）、Green Mango（$7.50）。
MAP ▶ P.138　G 15

---

memo
冷凍にした野菜やフルーツを、ミキサーなどでジュース状にしたドリンク。アイスクリームを入れるシェイクとは異なる。素材をそのまま摂取するため、その中に含まれる栄養素も摂れて、ヘルシーであると支持する人も多い。

心地よい風を感じられるオープンテラスで、のんびりと過ごしたい。

Slush
スラッシュ

新感覚のフローズン・ドリンク

スラッシュは、みぞれのような状態のドリンク。凍らせたフルーツに、ハワイアンウォーターやオアフ島産のハチミツ、ココナッツミルクなどを加えてミックス。フレーバーは、パイナップルやマンゴー、ピタヤ、リリコイなどがある。ハチミツの甘みが、フルーツの味をより引き立ててくれている。

現地の人はこう食べる。
★ファーマーズ・マーケットでの、ショッピングの休憩に。
★熱く火照った身体を、冷やすために飲む。

参考価格：Small（$4）、Regular（$5）。
MAP ▶ P.142　U39

— memo —
スラッシュとは、フローズン・ドリンクの一種で、凍らせた材料をミキサーなどでクラッシュしたもの。また、コーヒーやフルーツジュースなどを、凍らせる場合もある。更に凍らせた状態はシャーベットと呼ぶ。

左・右／ファーマーズ・マーケットには、アーティストがお店を出しているところもある。その中のひとつで、オーナーがお店のロゴやグッズのデザインも手掛けているのがこちら。

マウイ　ゴールド　ピニャ　コラーダ
Maui Gold Pina Colada

豪快！パイナップルを丸ごと使ったカクテル

　マウイ・ゴールドのパイナップルの中心を、丸ごとくり抜いたフローズン・カクテル。パイナップルの果肉とココナッツシロップ、氷、マウイラムを、ミックスした。パイナップルとココナッツの甘みで、アルコールが入っているのを忘れてしまいそうな口当たりの良さ。見た目の可愛らしさもお気に入り。

現地の人はこう食べる。

★デザート感覚で、最後のシメでオーダーする人も。
★みんなでシェアする場合も。

参考価格：Maui Gold Pina Colada（$18）。
MAP ▶ P.137　F 9

memo

芳醇な香りが魅力のマウイ・ゴールドを、贅沢に丸ごと使用。酸味が少なく、甘いのが特徴。スーパーやファーマーズ・マーケットでも手に入るが、収穫時期が限られているので、年中あるものでは無く、希少なもの。

ビールやカクテルを楽しみながら、ソファでゆったり寛げるお店。

118

Halo Halo
ハロハロ

いろんな味が混ざったフィリピンデザート

　店主が「フィリピン語でハロは混ざるという意味。多彩な具が混ざっているし、混ぜて食べるものだよ」と教えてくれた。パフェのように盛られたウベやバニラのアイス、カスタード、ミルクシェイブアイス、ジェリーなどを、混ぜて、混ぜて、混ぜて、食べる。冷たく、柔らかく、モッチリ。甘いけれど美味しい。

現地の人はこう食べる。

★たくさんの具が入ったハロハロを、ひたすら混ぜて、混ぜて、食べる。
★大人も子どもも大好き。

参考価格：Halo Halo（$4.99）。
MAP ▶ P.139　Ⅰ　㉑

--- memo ---
フィリピンの冷たいデザート。ハワイ人口の約15％がフィリピンの人たち。さまざまなところで、フィリピンの味に出合える。ハロハロはフィリピン料理店やファーマーズ・マーケットだけではなく、シェイブアイスショップにあることも。

左・右／フィリピン本場の味を楽しめるエレナズ・レストラン。お客のほとんどは、フィリピン系の人たち。

119

ファーマーズ・マーケット、いろいろ

オアフ島内では、毎日のようにどこかで開催されるファーマーズ・マーケット。規模の大小はあるけれど、生産者自らが販売する新鮮な野菜や果物、花などが並ぶ。ハワイ産のコーヒー豆や手作りジャム、ハチミツなども販売。食べたり、飲んだり、お土産探しと、いろいろな過ごし方を楽しもう！

ホノルルで最も有名なのは、ダイヤモンド・ヘッドの麓で開催される**KCCファーマーズ・マーケット**。このホノルル最大規模を誇る朝市は、ワイキキからでもバスで行けば近いし、ツアーに盛り込まれていたりもするので、観光客で非常に賑わっている。広い敷地には、出来立てのピッツァやタコ、クレープ、ポケ、フォー、アサイ・ボウルなどがあり、朝ごはん利用にもおすすめ。もちろん、アイスクリームやジンジャーエールなどのデザートやドリンク系も充実。タロイモから作られているハワイアンチップやハワイ産ハチミツなども人気。レジャーシートの無料貸し出しもあるので、のんびり座って、ハワイグルメを味わいながら、ピクニック気分を楽しもう！

上・右／ＫＣＣファーマーズ・マーケット会場。

MAP ▶ P.142 V 41

Pacifikool
Island Ginger Ale（＄3）、Berries and Ginger（＄4）、左・右／カラフルなストローが用意されている。

MAP ▶ P.142 V 42

Fresh Grilled Pizza
自家製バジルソースとトマト、チーズのピッツァ（＄7）。その場で焼き上げるので、出来立てが味わえる。
MAP ▶ P.142 Ⓥ ㊹

Two Hot Tomato
常に行列が絶えないフライド・グリーントマト（＄8）。ハワイ産のグリーントマトを使用。
MAP ▶ P.142 Ⓥ ㊸

Small Kine Farm
新鮮なマッシュルームをフライにしたマッシュルーム・ポッパース（＄8）。ピリ辛とマヨネーズの2種のソースで。
MAP ▶ P.142 Ⓥ ㊺

Crepes Hawaii
バナナやストロベリーなどのフルーツと、クリームがたっぷり載ったクレープ。フルーツ・ブリス（＄8）。
MAP ▶ P.142 Ⓥ ㊻

毎週日曜日の午前中に開催の**カイルア・タウン・ファーマーズ・マーケット**は、全体的にオシャレな印象。ハワイ産の野菜や果物などはもちろん、焼き立てのパンやクレープ、ピッツァなどのフードも充実。ロコアーティストによる手作りアクセサリーや雑貨なども並ぶ。

会場の中央には、クロスがかけられたテーブルとイスがセッティングされ、ロコバンドやミュージシャンによるハワイアンミュージックのライブも披露。カイルアらしいのんびりした雰囲気を楽しめる。

122

Baker Dudes

ホノルルに店舗を持つベーカリー Baker Dudes。ペストリーやスイート・ブレッド、スコーンが人気。自動車搭載のオーブンで、その場で焼き上げたパンを味わえる。$3〜。

MAP ▶ P.142 U 37

Kombucha

コンブチャは紅茶に菌や酵母などを加えて発酵させた飲料。マンゴーやパイナップル、ミントなどのフルーツやハーブを加え、炭酸水で割って、飲みやすくしたもの。$6

MAP ▶ P.142 U 38

Wicked Hi Slush

100%オアフ産ハチミツを使用したフローズンドリンク。パイナップルやドラゴンフルーツなどに、ハチミツやココナッツミルクなどを加え、凍らせたものをミキサーにかけたもの。$4 ／ small、$5 ／ regular

MAP ▶ P.142 U 39

Coconut Water

自らココヤシの木に登って、採ったという新鮮なココナッツ。オススメは、ウォーターを飲んだ後、固形胚乳（白い部分）を刻んで、そのまま味わったり、スパイスなどを付けたりして食べるという。$7〜

MAP ▶ P.142 U 40

ちょこっと休憩

おみやげにいかが？
スーパーで見つけた懐かしのおやつ
"リ ヒ ム イ"

参考価格：Li Hing Mui（＄2.69、ホエラーズ・ゼネラル・ストア）

ハワイの子どもたちが親しんできた甘酸っぱいグミ菓子。

　おみやげ探しに迷ったら、地元スーパーへ足を運んでみよう。ほんの気持ちのおみやげに良さそうなチョコやクッキー、グミなど、お手頃価格で揃えることができる。ホットケーキミックスやハワイ産のコーヒー、ハチミツ、ジャムなども手に入る。

　けれども、ハワイの人たちにとって、昔ながらの懐かしい味というものも試してみたい。なかでも、一番、気になるのは、リヒムイ。耳慣れない響きかもしれないが有名マラサダ店やアイスクリームのお店でも、リヒムイ（リーヒン）フレーバーというものがあったりする。リヒムイとは、Li Hing Mui と書き、干し梅に塩と砂糖と甘草を塗したもの。そして、ハワイでは、リヒムイをパウダー状にしたリーヒンが存在する。ロコたちは、これをフルーツにまぶして食したり、スーパーで売っているリーヒン付きのグミやドライフルーツをおやつにしたりと、子供の頃から慣れ親しんできた。そんなリヒムイのお味は、甘酸っぱくて、塩辛い。美味しいと病みつきになるか、もう二度と食べたくないと拒絶するかは、味わってみないことには分からない。

　ぜひとも、リヒムイを手に入れて、「ハワイの懐かしの味」を、日本へのおみやげにしてみてはいかがだろう？

左／リヒムイ・パウダー味のマラサダもある。　中／パンケーキミックスは、フレーバーもブランドもいろいろ扱うスーパーで探したい。　右／バラマキみやげに人気のチョコはスーパーで。

これでもっと楽しく！指さし英語

レストランやファストフード店では、入店したらすぐに店員とのやり取りがスタート。英会話が苦手という人にとっては、店員への返答に困ってしまうことも。そこで、店内で使えそうなフレーズを幾つかご紹介。指さししたり、「 」に単語を当てはめながら、コミュニケーションをとってみよう。

····· 入店時やオーダー時に伝えたいこと ·····

Do you have a table for two?
（予約していないとき）2名ですが、入れますか？

How long do I have to wait?
（混雑しているとき）どのくらい待ちますか？

What is the recommended dish?
おすすめ料理は何ですか？

What kind of fish do you have?
どのようなお魚料理がありますか？

How big is one portion?
どのくらいの量ですか？

I'll have the same.
私も同じものをお願いします。

Excuse me. Please give me「　　」.
すみません。「　」をください。

Please remove「　　」.
「　」は抜いてください。

Please put a lot of「　　」.
「　」を多めに入れてください。

We'd like to share this dish.
料理をシェアしたいのですが？

I'd like another one, please. / Can I have another one?
（ドリンクなどの）おかわりをお願いします。

····· オーダー時によく聞かれること ·····

For here or to go?
こちらで召し上がりますか、お持ち帰りですか？

For here / To go, please.
ここで食べます。 / 持ち帰りです。

How would you like your eggs?
卵はどういたしますか？

Scramble / Sunny side up / Omelette
スクランブルエッグで / 目玉焼きで／オムレツで。

What kind of dressing would you like?
ドレッシングの種類はどれにしますか？

How would you like your steak?
ステーキの焼き加減はいかがいたしましょうか？

Rare / Medium / Well done
レア／ミディアム / ウェルダン。

When would you like your tea?
紅茶はいつお持ちしますか？

After the meal / With the meal.
食後にお願いします。 / 食事と一緒に。

····· 料理が来てから伝えたいこと ·····

Can I have a small plate? / Can we have some extra plates?
取り分け用の小皿をください。

Can I have a box to go?
(残った料理を) 持ち帰り用の入れ物をください。

Check, please.
お勘定をお願いします。

知っておきたい ハワイ語

ハワイを訪れると、コミュニケーションは英語がほとんど。けれど、人に合うと、「アロハ」と声をかけられたり、お店を出るときに、「マハロ」と言ってもらったりする。メニューや商品名などにも、よく見かけるのが、「ハワイのことば」。意味を知っておくと、「なるほど！」と親しみを感じたり、現地の人たちとの距離が縮まったりするはず！

ハワイ語	読み方	意味
Aloha	アロハ	こんにちは、愛
Mahalo	マハロ	ありがとう
E Komo Mai	エ・コモ・マイ	ようこそ
Mai Kai	マイ・カイ	元気です
Pua	プア	花
Lau	ラウ	葉
Kai	カイ	海
Lani	ラニ	天国、空
Aina	アイナ	大地
Ohana	オハナ	家族
Pa'ina	パイナ	集まり、パーティー
Luau	ルアウ	ハワイ式の祝宴
Pupu	ププ	前菜
'Ono	オノ	美味しい
Nani	ナニ	美しい
Lei	レイ	花輪、花冠
Aloalo	アロアロ	ハイビスカス
Pikake	ピカケ	ジャスミン
Kalo	カロ	タロイモ
Haupia	ハウピア	ココナッツプディング
Koa	コア	コアの木
Lilikoi	リリコイ	パッションフルーツ
Melia	メリア	プルメリア
Loke	ロケ	バラ
Pama	パマ	ヤシの木

知っておきたいハワイでの
アルコールのルール

旅先で開放的になって、ついお酒を飲み過ぎることがあるかもしれない。ハワイには、日本とは異なるアルコールのルールが存在する。厳しい罰則があるので、知らなかった……では済まされない。ぜひとも、ハワイのルールを、覚えておこう。

アルコールを購入する際に、「ID（身分証明書）をみせて」といわれる。これは、ハワイ州で定められている「飲酒は21歳以上」という法律を遵守するためだ。「ID」として、パスポートや運転免許証などの顔付きの身分証明書をみせれば良い。ちなみに、たとえ、30〜40代でも、提示するように言われるので、アルコールを手に入れるときには、必ず携帯しておこう。ちなみに、もちろん、ハワイでは、20歳が飲酒をすることはできない。なお、24時間営業のコンビニでも、朝6時から24時までしか、アルコールの販売はしない。

一番、日本人観光客がやってしまいがちな法律違反が、アルコールを飲む場所。ビーチや公園で、景色を楽しみながら、お酒を楽しみたいという気持ちは分かるが、実はそれも叶わない。公共の場であるビーチや公園、バス車内、路上などでのアルコール摂取は禁じられているのだ。いうまでもないが、飲酒運転は論外だ。非常に厳しい罰則が待っているということを忘れずに。

左／青い空にビールが似合いそう。でも、飲酒禁止なので、昼から海を眺めながら飲みたい人は、ホテルのプールサイドバーやビーチサイドレストランへ行こう。　右／サンセットを眺めながら、カクテルを飲みたいと思っても、公共ビーチでは飲酒禁止。

スーパーマーケットの流儀

オアフ島を訪れると、一度はお世話になるのが、スーパーマーケットやコンビニ。コンビニは、お総菜やカットフルーツなどが小分けパックされ、旅行者にも便利だ。ローカルが利用する地元のスーパーマーケットは、確かに、その便利さでは劣るところもあるかもしれない。だけど、種類の豊富さや値段の安さを考えると、利用しない手はない。そこで、ローカルのように、スマートにスーパーマーケットを利用するためにも、いくつかの点を知っておこう。

オアフ島のスーパーマーケットでは、生鮮食品やデリ、パン、シリアル、缶詰、飲料、コーヒー豆やハチミツなどのハワイ産の特産品をはじめとした、食品関係や日用品なども扱っている。チェーン展開しているお店では、会員価格というものがあり、会員になると、割引価格で購入できるところが多い。簡単に会員になれるところがほとんどなので、ぜひ、お買い物をする際には利用したい。

　日本では、1個○○円とか、1袋○○円という形で販売されている野菜やフルーツ。オアフ島では、基本的に量り売りになっていることが多い。単位はポンド（lb）。1lb ≒ 453.59g。自分で袋に詰めて、計量して、レジへ持っていく。また、シリアルやナッツ、コーヒー豆などを扱っている、バルク（量り売り）コーナーもある。容器や袋に欲しいアイテムを入れて、置いてあるラベルに商品ナンバーを記入し、容器に貼ってレジへ持っていく。基本を覚えておけば、欲しいものを欲しいだけ購入できるありがたいシステムだ。

左上／デリコーナーも種類が豊富。　中上・右上／スーパーマーケットなどでは、保冷バッグやオリジナルのエコバッグなども売っているので、どこかで手に入れておくと便利。　左下・右下／1lbが多すぎる場合には、ハーフポンドやクオーターポンドで購入しよう。

料理を掲載した店舗リスト

オアフ島全体＆ホノルル中心マップ

本書で掲載している料理を撮影させていただいたお店をご紹介。こちらのお店に行くのも、街歩きでふらりと見つけたお店を訪れるのもいいだろう。旅先で偶然見つけた現地の料理を楽しむことも、旅の醍醐味だ。

ポリネシア・カルチャー・センター
ハワイ文化のルーツであるポリネシア文化を体験できる場所。ショーや文化体験、ポリネシアフードも味わえる。

ノース・ショア
世界的にも有名なサーフィンスポット。オールドタウンのような趣のハレイワには、人気グルメやショップが集まる。マツモト・シェイブアイスが有名。

クアロア・ランチ・ハワイ
古代、王族のみが立ち入ることができた聖地。乗馬や映画ロケ地ツアー、四輪バギーなどを体験できる。

ドール・プランテーション
パイナップル・エクスプレスや巨大迷路など、アトラクションが充実。パイナップルソフトクリーム（ドールホイップ）が人気。

タンタラスの丘
オアフ島の夜景スポット。正式名称はプウ・ウアラカア州立公園。ピクニックエリアや展望台などがある。

ダイヤモンド・ヘッド
オアフ島を代表する火山で、ハワイ語で「レアヒ」と呼ばれる。トレッキングで山頂を目指すのが人気。

【凡例】
— ハイウェイ
★ ランドマーク、観光スポット

掲載店舗の詳細情報

ホノルルでの移動手段は公共交通機関であるThe BusやワイキキトロリーをよびURLの利用がおすすめ。レンタカー、タクシーなど選択肢が広い。また、ノースショアやカイルアなどへは、レンタカーかThe Busの利用が便利。

【表記例】

N
4

マップ掲載番号
店名
ひとことメモ
住所
電話番号
営業時間
掲載料理
掲載ページ数

A

❶ Cream Pot
フレンチをベースとしたカフェ。スフレ・パンケーキの発祥店としても知られる。朝食時が特に混雑。
444 Niu St. Honolulu
429-0945
6:30 〜 14:30（14:00L.O.）　火曜定休
Soufflé Pancake、French Rolled Omelet・Beef Stew
P.14-15、Eggs Benedict　P.28

B

❷ Cafe Kaila
朝食の人気店。「人々を幸せにするのが楽しい」というオーナーのカイラさんの人柄を感じさせる雰囲気と味を楽しめると評判。
2919 Kapiolani Blvd. Honolulu
732-3330
7:00 〜 18:00、土・日曜〜 14:30　不定休
French Toast　P.24-25、Buttermilk Pancakes　P.30、Omelette　P.31

❸ Leonard's Bakery
元祖マラサダの超有名店。種類も豊富で、カスタードやリリコイクリームなどが入ったマラサダ・パフもある。スイート・ブレッドもロコに人気。
933 Kapahulu Avenue. Honolulu
737-5151
5:30 〜 21:00、金・土曜 6:00 〜 22:00　無休
Malasada　P.16

C

❹ Diamond Head Market & Grill
ロコモコやテリヤキチキンなどのプレート・ランチのお店。レッドベルベットやタルトなどのケーキ類も充実。
3158 Monsarrat Ave. Honolulu
732-0077
7:00 〜 21:00　無休
Blueberry Cream Cheese Scone　P.29

❺ Pioneer Saloon
プレート・ランチ店。チキン、ポーク、ビーフ、シーフード、ベジタブル、それに、カレーと、迷うほどの多彩なメニューが揃う。
3046 Monsarrat Ave. Honolulu
732-4001
11:00 〜 20:00　祝祭日休み
Mochiko Chicken　P.50

D

❻ Rainbow Drive-In
日系人のイフク夫妻が1961年にオープンしたレストラン。「良質で、量が多くて、ローコスト」を心掛け、世代を超えた地元の人たちに愛されるお店。
3308 Kanaina Ave. Honolulu
737-0177
7:00 〜 21:00　祝祭日休み
BBQ Pork　P.65

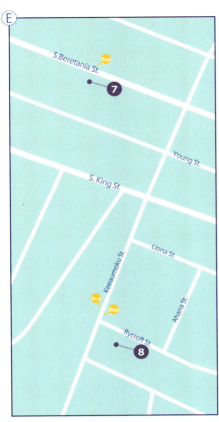

9 ALOHA TABLE Waikiki

日本系列のハワイアン・カフェ・ダイニング。リーズナブルにローカルフードを楽しめるお店。深夜まで営業しているのも便利。
2238 Lauula St. Honolulu
922-2221
11:00～翌1:00、日曜・祝日 16:00～24:00（23:00L.O.）　無休
Pupu　P.82、Maui Gold Pina Colada　P.118

10 Kaiwa

繊細な職人技を体感できる寿司と鉄板焼きのお店。和とハワイの味と伝統を融合させた料理を提供。
Waikiki Beach Walk 2nd Floor, 226 Lewers St. Honolulu
924-1555
11:30～14:00、17:00～23:00（22:15L.O.）　無休
Sushi Roll　P.40-41

11 Henry's Place　高橋果実店

地元に根付いたミニストア。カットフルーツやソルベ、サンドイッチなどを販売。
234 Beach Walk. Honolulu
7:00～22:00　無休
Ice Cream & Sorbet　P.106-107

12 Orchids

ダイヤモンド・ヘッドと海を望むレストラン。朝食からディナーまで、地元素材を活かした料理を味わえ、アフタヌーンティーも楽しめる。
2199 Kalia Rd. Honolulu
923-2311
7:30～11:00、11:30～14:00、15:00～16:30、17:30～21:30、日曜 9:00～14:30、17:30～21:30　無休
Coconut Cake、Ahi Steak　P.18-19

7 Honolulu Burger Co

100%グラス・フェッドビーフを使ったハンバーガー店。ハマクアコーストの牛、カウアイ島の塩、オーガニックの野菜など、ローカル素材にもこだわる。
1295 S. Beretania St. Honolulu
626-5202
10:30～21:00、金・土曜～22:00、日曜～20:00　祝祭日休み
Burger　P.58-59

8 Like Like Drive Inn

地元の人たちに愛される昔ながらのレストラン。卵料理、パンケーキやワッフル、エッグ・ベネディクト、オムレツなど、定番朝食も評判。
745 Keeaumoku St. Honolulu
941-2515
6:00～22:00、金・土曜～翌1:00　祝祭日休み
Lemon Chiffon Pie　P.17、Loco Moco　P.42、Saimin　P.43

掲載したすべての情報は、2017年10月の取材時に基づいております。住所や電話番号、営業時間、定休日、料理の価格や内容、地図内のバス停などは、本の発行後に変更される可能性もございます。

137

⑮ Island Vintage Coffee
100%コナ・コーヒーを使用するカフェ。オープンエアのテラスシートも、常に満席状態。
2301 Kalakaua Ave.C-211, Honolulu
926-5622
6:00〜23:00　無休
Portuguese Sausage　P.32、Salad、Sandwich　P.33、
Poke　P.78、Acai Bowl　P.110、Smoothie　P.116

⑯ Noi Thai Cuisine
シアトルに本店を構えるタイ料理レストラン。ディナーは特に混雑するので、予約は必至。
2301 Kalakaua Ave.C-308, Honolulu
664-4039
11:00〜22:00　無休
Yellow Curry　P.48、Pad Thai、Green Papaya Salad　P.49

⑰ Banan
バナナを丸ごと使ったソフトクリームショップ。ワイキキ店はカラカウア通りからビーチに向かう、サーフボードが並ぶ脇道沿いにある。
2301 Kalakaua Ave. C-1, Honolulu
200-1640
9:00〜19:00　無休
Banan　P.108-109

⑱ Malie Kai Chocolates
ハワイ産のカカオを使ったチョコレート店。オリジナルエコバッグも人気。
2301 Kalakaua Ave. C-119, Honolulu
922-9090
10:00〜22:00　無休
Chocolate　P.98

⑬ Honolulu Cookie Company
パイナップルの形をしたクッキーでお馴染み。ホノルルに10店舗構え、お土産探しに便利。
2233 Kalakaua Ave. B-108, Honolulu
931-3330
9:00〜23:00　無休
Cookie　P.92-93

⑭ Island Vintage Shave Ice
シェイブ・アイスのスタンド。フルーツから作ったホームメイドシロップを用い、トッピングも、あずきやもちなど自家製にこだわる。
2233 Kalakaua Ave. B-1, Honolulu
922-5662
10:00〜22:45　無休
Shave Ice　P.112

⑲ Lucy's Lab Creamery
アイスクリームスタンド。季節により変わるが、常時18種類が並ぶ。
1170 Auahi St. South Shore Market, Ste143, Honolulu
なし
10:00〜21:00、日曜〜18:00　無休
Ice Cream　P.114-115

⑳ Kaka'ako Kitchen
ワンランク上のプレート・ランチのお店。店内とテラスに席はたくさんあるが、ランチ時は非常に混雑。
1200 Ala Moana Blvd. Word Centre, Honolulu
596-7488
10:00〜21:00、日曜〜16:00　無休
Sweet Chili Chicken、Beef Stew　P.52-53

21 Elena's Restaurant

フィリピンフードレストラン。故郷の味を求め、フィリピン系地元民が多い。昼時を過ぎても、客足が途絶えない。
94-866 Moloalo St. #D4A, Waipahu
676-8005
7:00～21:00、土・日曜 6:00～21:00　無休
Adobo　P.51、Lumpia　P.62、Halo Halo　P.119

23 Hy's Steak House

格式高いステーキハウス。特別感のある重厚なインテリアも魅力。
2440 Kuhio Ave. Honolulu
922-5555
17:00～22:00　無休
Steak　P.20-21

22 Lanikai Juice

ジューススタンドのチェーン店。新鮮なフルーツを使ったスムージーやジュースのほか、アサイボウルやサラダ、サンドイッチなども。
2005 Kalia Rd. B3 Tapa Tower Pool, Honolulu
955-5500
7:00～18:30、金曜～20:00　祝祭日休み
Pitaya Bowl　P.111

24 Pipeline Bakeshop & Creamery

オリジナリティあるケーキと自家製アイスクリームが注目のお店。マラサダやスコーンも評判。
3632 Waialae Ave. Honolulu
738-8200
7:00～21:00、日曜 8:00～21:00　月・火曜定休
Cake Bomb　P.96-97、Malamode　P.813

25 Hale Vietnam Restaurant

本場仕込みのシェフが腕を振るうベトナム料理店。混雑する週末は要予約。
1140 12th Ave. Honolulu
735-7581
11:00～21:30　水曜定休、祝祭日休み
Vietnamese Fondue　P.44

139

26 Zippy's Restaurants

ハワイ諸島でチェーン展開しているハワイローカルフード店。オックステールスープやチキンカツ、チリなど、ロコ溺愛グルメが満載。
1725 S. King St. Honolulu
973-0877
24時間 無休
Chicken Katsu　P.46、Oxtail Soup、Korean Fried Chicken P.47、Chili　P.68-69

27 Alan Wong's

「ハワイ・リージョナル・キュイジーヌ」の代表格。数々の賞を獲得している名店。
1857 S. King St. Honolulu
949-2526
17:00～22:00　感謝祭、元旦休み
Chopped Ahi Sashimi and Avocado Salsa Stack　P.34-35

28 Ray's Kiawe Broiled Chicken

キアヴェの炭火で焼くチキンのお店。レイ氏の秘伝の味を求めて、行列が絶えない。
66-160 Kamehameha Hwy. Haleiwa
351-6258
土・日曜 9:00～16:30　月～金曜定休
Huli Huli Chicken　P.60-61

29 Romy's Kahuku Prawns and Shrimp

エビ料理専門店。ニンニク風味豊かなガーリック・シュリンプが人気。15～45分待ちなので、時間に余裕を。
56-781 Kamehameha Hwy, Kahuku
232-2202
10:30～18:00　無休
Butter Garlic Scampi、Steamed Shrimp　P.62-63

30 Ted's Bakery

ノース・ショアのベーカリー。テッズ・パイは、世界中にファンを持つ。サンドイッチやプレート・ランチなどのフードも充実。
59-024 Kamehameha Hwy. Haleiwa
638-8207
7:00～20:00、金～日曜～20:30　無休
Chocolate Haupia Cream Pie　P.99

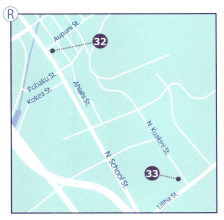

31 Royal Kitchen
マナプアが評判のお店。チャイナタウン・カルチュラル・プラザの運河沿いにある。店前に椅子とテーブルがある。
100 N. Beretania St. #175, Honolulu
524-4141
5:30 ～ 16:30、土曜 6:30 ～ 16:30、日曜 6:30 ～ 14:30　無休
Manapua　P.66-67

32 Helena's Hawaiian Food
1946年創業のハワイアンフード店。オープンと同時に席が埋まるほど、ロコを惹きつける味。
1240 N. School St. Honolulu
845-8044
10:00 ～ 19:30　月・土・日曜定休
Laulau　P.74-75、Pipikaula　P.80

33 Liliha Bakery
1950年創業のベーカリー。併設のコーヒーショップでは、パンケーキやオムレツ、ロコモコなどが味わえる。
515 N. Kuakini St. Honolulu
531-1651
6:00 ～ 20:00　月曜定休
Cup Cake　P.94、Cream Puff　P.95

34 Waiahole Poi Factory
伝統的なハワイアンフードのお店。昔ながらのポイ作りのデモも開催。(日時は要確認)。ハワイの昔ながらのデザートも。
48-140 Kamehameha Hwy. Kaneohe
239-2222
10:00 ～ 18:00　マザーズデイ休
Laulau　P.74-75、Poi　P.76-77、Lomi Lomi Salmon　P.79、Kalua Pig　P.81、Luau　P.83、Haupia Pudding　P.84、Kulolo　P.85、Lilikoi Butter Mochi　P.85

35 Nisshodo Candy Store
倉庫街にあるハワイ風和菓子の工場併設店。モチやチチ・ダンゴが有名。
1095 Dillingham Blvd. Bldg I-5, Honolulu
847-1244
7:00 ～ 16:00、土曜 ～ 15:00　日曜定休
Mochi　P.90、Chichi Dango　P.91

㊱ Kailua Town Farmers' Market
カイルア・タウンで開催。中央にテーブルが設置され、生演奏もあるという演出抜群。約 40 店舗が出店。
315 Kuulei Rd. Kailua, Honolulu
388-9696
日曜 8:30 〜 12:00　月〜金曜定休

㊲ Baker Dudes
自動車掲載型オーブンがあり、その場で焼かれたパンを販売。
Bread　P.26-27

㊳ Kombucha
発酵飲料に、フルーツやハーブを加えたドリンク。

㊴ Wicked Hi Slush
発酵飲料に、フルーツやハーブを加えたドリンク。
Slush　P.117

㊵ Coconut
採れたてのココナッツウォーターが飲める。
※㊲〜㊵は Kailua Town Farmers' Market 内
P.122-123

㊶ KCC Farmers' Market
観光客が多く訪れる大規模な朝市。その場で作られる屋台グルメやフレッシュなジュース、花や野菜、フルーツなど多種多様。
4303 Diamond Head Rd. Honolulu
260-4440（HFB 代表）
土曜 7:30 〜 11:00、火曜 16:00 〜 19:00

㊷ Pacifikool
爽やかなジンジャーエールが人気。

㊸ Two Hot Tomatoes
常に大行列のフライド・ベジタブルのお店。

㊹ Fresh Grilled Pizza
簡易窯で焼くピッツァは、自家製バジルソース風味。

㊺ Small Kine Farm
新鮮なマッシュルームをフライにしたもの。

㊻ Crepes Hawaii
甘系もおかず系も選べるクレープのお店。
P.120-121 ※㊷〜㊻は KCC Farmers' Market 内